青少年反邪教知识

王顺安 著

海豚出版社
中国国际传播集团

图书在版编目（CIP）数据

青少年反邪教知识 / 王顺安著 . — 北京：海豚出版社，2022.9
ISBN 978-7-5110-6081-5

Ⅰ.①青… Ⅱ.①王… Ⅲ.①邪教 – 批判 – 中国 – 青少年读物 Ⅳ.① D669.8-49

中国版本图书馆 CIP 数据核字（2022）第 144294 号

青少年反邪教知识
王顺安　著

出 版 人	王　磊
责任编辑	张　镛
封面设计	何洁薇
责任印制	于浩杰　蔡　丽
法律顾问	中咨律师事务所　殷斌律师
出　　版	海豚出版社
地　　址	北京市西城区百万庄大街 24 号
邮　　编	100037
电　　话	010-68325006（销售）　010-68996147（总编室）
印　　刷	艺通印刷（天津）有限公司
经　　销	新华书店及网络书店
开　　本	710mm×1000mm　1/16
印　　张	10
字　　数	78 千字
印　　数	5000
版　　次	2022 年 9 月第 1 版　2022 年 9 月第 1 次印刷
标准书号	ISBN 978-7-5110-6081-5
定　　价	39.80 元

版权所有，侵权必究

如有缺页、倒页、脱页等印装质量问题，请拨打服务热线：010-51059905

序言

　　邪教并不是现代才有的产物,在古代宗教产生之时,邪教便也随之产生。然而,正常合法的宗教与邪教是完全不同的。

　　邪教之"邪",在于其不是正规宗教,而是通过神化其首要分子,制造、散布迷信邪说来蛊惑人心;还在于其通过发展和控制成员,来聚敛钱财,行违法犯罪之事。邪教组织的存在既对大众个体的生命财产安全具有较大威胁,又对整个社会的和谐稳定具有极大危害。

　　二十世纪八九十年代,邪教组织假冒宗教、气功之名义,在我国一些省份秘密发展信徒,从事违法犯罪活动。我国政府和有关部门曾开展过多次大规模反邪教活动,对存在于我国的邪教组织进行了严厉清查,一批邪教组织头目受到了法律的制裁,一些误入邪教的人成功被解救出来。

　　我国的反邪教斗争是颇具成效的，但不可否认的是，邪教组织就像自然界的病菌一样，只要有一丝缝隙，便能重新扎根。一些在反邪教斗争中被根除的邪教组织，很快又在国外发展壮大起来，他们利用互联网和各种媒体继续从事邪教组织活动。

　　近年来，我国进一步加大了对邪教组织的查处力度，无论是潜藏在社区中的邪教活动，还是在互联网上蔓延的邪教思想，都得到了有效遏制。明面上的邪教活动遭到遏制，邪教组织便开始以培训班、社团组织、影视公司等"合法组织"作为伪装，继续开展隐蔽的邪教组织活动。对于这种邪教组织活动，仅靠国家有关部门逐个查处显然是不够的。想要彻底根除这些经过伪装的邪教组织，还需要我们每个人共同努力才行。

　　本书正是针对青少年预防邪教侵害而策划的一本反邪教知识图书，全书共分为了解邪教、起底邪教、邪教的危害、辨清邪教和抵制邪教5个部分，可以帮助青少年更为系统地了解邪教组织的特征、危害和行骗手法，同时还能指导青少年如何更好地辨识邪教组织，怎样有效地抵制邪教组织的侵害。

　　邪教组织是社会和谐稳定的"定时炸弹",是人类社会发展进步的"绊脚石",是必须根除的"毒瘤"。每一个人都应该了解邪教的本质及危害,学会辨清邪教组织,并主动抵制邪教组织活动。只有这样,才能保护自身的生命财产安全,才能创造出和谐稳定的社会环境。

第一章　了解邪教

第一节　什么是邪教 …………………… 2

第二节　邪教组织的基本特征 …………… 6

第三节　邪教的骗人手法有哪些 ………… 12

第四节　哪些人容易被邪教侵害 ………… 17

第五节　邪教并不是宗教 ………………… 23

第二章　起底邪教

第一节　"法轮功"的滔天罪行 ………… 30

第二节　"全能神"的丧心病狂 ………… 35

第三节　"华藏宗门"的歪理邪说 ……… 41

第四节　"门徒会"丧尽天良 …………… 47

第五节　"观音法门"装神弄鬼 ………… 52

第三章　邪教的危害

第一节　乱人心，谋人财 …………………………… 58

第二节　侵犯人权，践踏生命 ……………………… 63

第三节　制造社会恐慌氛围 ………………………… 68

第四节　威胁社会安全及稳定 ……………………… 73

第五节　危害社会经济发展 ………………………… 78

第四章　辨清邪教

第一节　如何判断家人是否误信邪教 ……………… 84

第二节　看清"教主"的真面目 …………………… 91

第三节　明辨邪教的歪理邪说 ……………………… 96

第四节　揭开邪教组织的伪装 ……………………… 102

第五节　秘密活动要警惕 …………………………… 109

第五章　抵制邪教

第一节　依法治邪 …………………………………… 114

第二节　举报散发邪教宣传资料的行为 …………… 120

第三节　有邪教内容的人民币如何处理 …………… 126

第四节　发现邪教集会怎么办 ……………………… 132

第五节　亲友误入邪教组织怎么办 ………………… 138

第六节　出国遇到邪教组织怎么办 ………………… 144

第一章
了解邪教

青少年反邪教知识

第一节 什么是邪教

邪教就是那些冒用宗教、气功或其他名义建立的，神化、鼓吹首要分子，并以制造、散布迷信邪说的方式蛊惑人心，发展和控制成员，危害社会的非法组织。每个人都应该对这些非法组织提高警惕。

关于邪教组织的定义，我国在2001年的《最高人民法院、最高人民检察院〈关于办理组织、利用邪教组织破坏法律实施等刑事案件适用法律若干问题的解释〉》中提到，邪教组织是指冒用宗教、气功或者以其他名义建立，神化首要分子，利用制造、散布迷信邪说等手段蛊惑、蒙骗他人，发展、控制成员，危害社会的非法组织。2017年施行的《司法解释》将"神化首要分子"改为"神化、鼓吹首要分子"。

据统计，当前世界范围内共有一万多个邪教组织，

第一章 了解邪教

这些邪教组织通过各种方法对他人进行精神控制,以吸纳更多人员加入邪教组织,扩充自己的组织规模。一些规模较小的邪教组织,通常会在暗地里进行活动;而有些规模较大的邪教组织,则会以正常社会交往活动作为掩盖,从事邪教组织的非法活动。

对于那些装神弄鬼,神化、鼓吹首要分子,散布歪理邪说的个人或组织,一定要保持高度警惕。

▲ 什么是邪教

青少年反邪教知识

组织规模较小的邪教活动，会影响一些地区的社会风气，搅乱当地的社会秩序，影响地区经济和社会发展；而组织规模较大的邪教活动，则会渗透到地区社会生活的方方面面，危害这些地区的稳定，进而危害到国家的安全。因此，无论活动规模的大小，只要与邪教有关联，就一定会遭到司法机关的严厉打击。

我国的邪教组织主要以偏远的农村地区为活动中心。到了20世纪90年代，新出现的邪教组织慢慢将城市作为发展中心，不断在城市的阴暗角落滋生。到了21世纪，世界各国间的联系变得更为紧密，邪教组织也开始利用互联网等先进技术，朝着国际化的方向发展。

早在2000年前，中央办公厅、国务院办公厅就发布文件，明确了"呼喊派""门徒会""全范围教会""灵灵教""新约教会""观音法门""主神教"为邪教组织；而后我国公安部又认定"被立王""统一教""三班仆人派""灵仙真佛宗""天父的儿女""达米宣教会""世界以利亚福音宣教会"为邪教组织。在这14个典型邪教组织之外，还有一些不成规模的邪教组织，在我国秘密开展着非法活动。

近年来，在我国司法机关的多次严厉打击下，我国国内的邪教组织活动明显减少，一些邪教活动的组织者纷纷逃到海外，以远程操纵的方式开展邪教活动，这对打击邪教活动造成了一定的困难。

古往今来，被邪教思想危害的人数不胜数，有些人在遭受重大损失后才幡然醒悟，有些人则被邪教组织夺去了生命。邪教组织就像病毒一样，在社会的阴暗角落蔓延，我们只有增强甄别邪教活动的能力，才能避免自己被邪教病毒"感染"。

青少年反邪教知识

第二节　邪教组织的基本特征

从事违法犯罪活动的组织不一定是邪教组织，但邪教组织一定会从事违法犯罪活动。想要了解我们身边的组织是不是邪教组织，就要看这个组织在开展活动时是不是具有邪教组织的一些基本特征。

邪教组织在开展邪教活动时，有一些基本特征，这些基本特征可以让人们很好地识别邪教组织。我国的司法机关正是凭借对这些基本特征的判断和识别，来打击邪教组织的。

从邪教组织的定义便可看出，其在传播邪教思想时，通常会假冒宗教、气功等名义；邪教组织的教主往往会宣传自己具有超然力量，自己的力量是上天赐予的，自己是被选中的人——通过不断强化自身，增强自己在信徒心目中的地位，这是邪教组织传播邪教思想时的一个典型特征。

比如,"天父的儿女""被立王"都是打着基督教旗号的邪教组织;"恢复上帝十诫运动"是假借了天主教名义的邪教组织;"法轮功""全能神""灵灵教"则是歪曲了佛教、道教和基督教教义,自创出新的教义。普通人一般很少会去了解各种宗教的教义,所以邪教组织利用假借、歪曲宗教教义的方法来行骗,就很容易成功。

除了假冒宗教名义而传播邪教思想外,我国司法机关在打击邪教活动的实践中,还总结出了一些邪教组织的其他特征。

1. 对教徒进行精神控制

"精神控制"是邪教组织发展信徒、控制信徒的重要手段,一个没有多大本事的教主可以通过精神控制将数百、数千、数万比他优秀的人牢牢掌控在手中。邪教组织的精神控制往往会和教主崇拜结合在一起,邪教组织会先让信徒对教主产生崇拜,甚至愿意为教主舍弃生命,而后再对信徒进行精神控制。

邪教组织的教主一定是至高无上的"精神领袖",他可能会表现出一些亲近信徒的举动,但他绝不会和信徒保持同等地位,因为那样,他便难以在信徒中树立威信。比如，日本的邪教组织"奥姆真理教"的教主麻原彰晃，美国的邪教组织"人民圣殿教"的教主吉姆·琼斯，都宣称自己是神的化身，只有自己才能拯救世人。正是通过这种手段，这些教主才能随心所欲地控制信徒为自己办事。

2. 编造歪理邪说

值得注意的是，邪教组织的教主在传播邪教思想时，一定会有一套说辞，这套说辞要么是通过歪曲其他宗教教义得到的，要么是教主自己创造的。无论教主的说辞多么深刻复杂，最终都会形成一套能够约束信徒活动，而不会约束自己活动的教规。这套教规正是邪教组织对信徒进行"精神控制"的主要依据。一旦信徒认可了这套教规，便会陷入邪教组织的圈套。

不同的邪教会编造不同的歪理邪说，像"世界末日论""地球爆炸论"，这些歪理邪说想要达到的目的无非是制造恐慌、震慑人心，让信徒无条件地服从组织的安排；而"包治百病论""驱邪赶鬼论"，这些歪理邪说主要是通过关注人的健康，在祛病消灾上做文章，以达到欺骗信徒的目的。

邪教组织"法轮功"既编造过"人类大劫难""末

世即将降临"的谎言,也编造过"信则灵,练就行""功到病除"的歪理。如此"神通广大"的功法,却害得许多正常人致疯致病致死,邪教组织所编造的这些歪理邪说真是害人不浅。

3. 敛骗钱财

邪教组织费尽心思地拉拢信徒,自然不是为了将大家聚在一起探讨人生道理,除了利用信徒为自己办事之外,邪教组织的教主还要从信徒身上不断榨取钱财。敛骗钱财也是邪教组织的一个典型特征,正是依靠这些从信徒身上敛骗的钱财,邪教组织的教主才可以到处买别墅、购豪车。

曾经在我国犯下滔天罪行的邪教组织"法轮功",便打着"不图钱""不谋利"的幌子,大肆攫取信徒的钱财,积累了巨额财富。其教主李洪志和组织的一些核心人物,大肆挥霍信徒的血汗钱用来享乐,贪婪的本性暴露无遗。

4. 严密的组织结构和隐秘的违法活动

邪教组织开展的活动大多是隐秘的,这些拿不到台面上的活动,多是一些违法犯罪活动。这些隐秘活动之所以能够顺利开展,完全得益于邪教组织严密的组织结构，而这也正是邪教组织的又一特征。邪教组织通常都有严格的组织划分，教主在整个组织的最顶端，全权掌握着组织的所有活动；在教主之下，是一些核心管理人员，主要负责管理组织的具体工作；而整个组织的最下层，便是许许多多的普通信徒，支撑着整个组织。

通过严密的组织，教主的秘密"指示"很快便会传到各地区的信徒那里。如果一个规模较大的组织，拥有严密的组织结构，教主又是个唯恐天下不乱的人，那在他的一声令下，便会让众多信徒同时行动，这将会对整个社会造成极大的危害。

▲ 邪教特征

5. 危害社会，侵犯人权

邪教组织开展的活动多具有危害社会、侵犯人权的性质，比如有的邪教组织的教主并不满足于用歪理邪说统治信徒，还希望能够在社会上获得更高的社会和经济地位。为此，这些人便会指使信徒去从事违法犯罪活动，为自己谋取政治和经济利益。邪教信徒在从事违法犯罪活动时，往往会对公共财产造成损害，危害到社会的稳定。

除了危害社会这一特征，邪教组织还会对信徒实施严格的控制。对于那些误入邪教组织、想要及时回头的信徒，邪教组织往往会使用暴力威胁手段，胁迫他们继续参加邪教活动，严重时还会侵害他们的生命安全。

上面提到的这些都是邪教组织的基本特征，在辨别邪教组织时，应该综合考虑这些特征，而不能孤立地凭借某个特征便认定某个组织是邪教组织。但值得警惕的是，显现出了上面提到的这些特征的组织，即使不是邪教组织，多半也是非法组织，我们也应该保持警惕。

青少年反邪教知识

第三节 邪教的骗人手法有哪些

邪教组织的骗人手法五花八门，有用歪理邪说骗人的，有宣传世界末日的，也有宣称包治百病的……这些骗人手法都是抓住了普通人的某些心理弱点。只要我们能够保持冷静，就不会被这些骗人手法所欺骗。

邪教组织想要达到拉拢信徒、扩大组织规模的目的，就必须想尽办法欺骗信徒相信自己。如何才能让信徒相信自己呢？邪教组织的教主需要先编出一套成体系的教义学说来，然后再以各种骗人手法向信徒传播自己的教义，最终让信徒死心塌地地追随自己。

编造歪理邪说，甚至假冒宗教名义，是邪教组织最常使用的骗人手法，在这套手法中，针对不同的欺骗对象，邪教组织也会使用不同的说辞。比如，对那些知识水平不高、胆子又比较小的人，邪教组织会用"灾难就要到来"这样的说辞；对那些体弱多病、四处求医的人，邪教组织便会用"功到病就除"这样的说辞；而对那些爱占小便宜、好逸恶劳的人，邪教组织便会用"躺着就能把钱赚"这样的说辞。

具体来说，邪教组织常用的骗人手法主要有以下几种。

1. 利用灾难吓人

在现在这个社会，说"地球即将爆炸"可能没多少人会相信，但如果说"你即将有血光之灾"却可能会让对方愿意听上一听。这种骗人手法利用了大众的恐慌和好奇心理，其目的就是通过用灾难去震慑听众，最终让其相信邪教组织的歪理邪说。

当我们从别人口中听到自己即将有血光之灾时，可能会好奇、会恐慌，在这种时候，我们不妨接着听对方将话说下去，让他说一说我们到底有何血光之灾。在对方讲述的过程中，我们要注意辨别对方的主要意图，是单纯地想给我们忠告，还是借着给我们忠告，想让我们按他的要求去做。只要在对谈中听到对方别有所求，便可立刻终止对话。如果觉得对方的"忠告"有些道理，也不要急于听从对方的要求，而是先找自己的家长、同伴或警察询问一下，再做出决定也不晚。

2. 利用包治百病骗人

身体健康是每个人都会关心、在乎的问题，邪教组织很懂得人们的心理，经常会利用"治百病、保健康"等噱头来诱骗大众。一些邪教组织会利用大众渴求治病、渴望健康的心理，鼓吹入教便能保平安；或者拿着不知如何调配出来的"秘方"让人食用，以验证"药效"。

▲ 邪教骗人手法

面对这种情况，找别人来试药，可能并不靠谱，因为对方一定会准备许多案例来让听众相信自己。如果出现这种情况，向医生咨询才是最好的做法。当然，一定要找正规医院的医生。

3. 利用封建迷信忽悠人

相比用"灾难降临"和"包治百病"来行骗，一些邪教组织会选择"技术含量更高"的封建迷信手法去行骗，像是蚂蚁写字、白纸显字、装神弄鬼等伎俩，这些手法经常会被用在一些科学文化普及程度不够高的地区。邪教组织常常会利用人们对鬼神等超自然力量的恐惧，来哄骗人们加入邪教组织。

所有封建迷信手法，都只是遮住了科学光芒的小把戏，经不起科学实验的推敲。在遇到邪教组织用封建迷信手法骗人时，不妨将他的所有"施法工具"全部换掉。如果他能够用我们提供的工具达到原有的效果，那便可以带着他一同去公安局，让他在警察面前也表演一番，也听一听警察的建议。

4. 利用小恩小惠拉拢人

用小恩小惠拉拢人，也是邪教组织常用的一种骗人手法，看上去是为他人送去福利，实际上是要把他人拖入"无底陷阱"。一些邪教组织会对那些爱占小便宜、好逸恶劳的人使用这种手法，通过很小的利益，一点一点将对方拉入邪教组织。

青少年反邪教知识

除了前面提到的这些骗人手法外,邪教组织还会通过暴力威胁等手段,强迫他人参加邪教活动。遇到这种情况,被威胁者要在保护自身生命安全的前提下,及时寻求他人及警察的帮助。

第四节 哪些人容易被邪教侵害

邪教组织很擅长玩弄人心，他们会选择特定人群去行骗、侵害。这些特定人群都有一些显见的弱点，邪教组织正是抓住了这些弱点，才得以成功。

邪教组织在选择欺骗目标时，常常会先分析具体目标的各种情况，然后再根据目标的不同情况，选用不同的行骗方法。比如，对体弱多病的人，邪教组织会使用"包治百病"的说辞；对焦虑压抑的人，邪教组织会使用"世界末日"的说辞；对思想闭塞的人，邪教组织则会使用"封建迷信"的手法。

1. 多灾多难、体弱多病的人

如果一个人什么坏事也没做过，却始终觉得自己多灾多难，那当别人告诉他有一种方法能够为他消灾解难，他就很容易相信对方的说法。邪教组织很懂得利用"消灾解难"的说辞去诱骗那些觉得自己多灾多难的人；这些内心已经非常脆弱的人，往往也很容易掉入邪教组织设定的陷阱。

除了多灾多难的人群，体弱多病、久病不愈、身染重病的人也容易成为邪教组织觊觎的目标。疾病是人类健康的天敌，现阶段医学技术还不能完全攻克所有疾病，有些疾病一旦出现便无法根治（仅限当前阶段，未来或可根治），这对于那些身染重病的人来说，无疑是一颗快速读秒的定时炸弹。

即使知道以现在的技术水平无法摘除这颗定时炸弹，病患和家属也想尽最大可能让定时炸弹停止倒计时。在这种情况下，邪教组织便会见缝插针地介入，为病患和家属带来"长生不老"。但实际上，他们只是利用了病患和家属的求生心理，做着丧心病狂的邪恶勾当。

国外一些反邪教网站曾报道过，信徒因为相信邪教"法轮功"能治百病，而不去医院看病，最终病死在家中的惨剧。原本可以依靠医疗技术治愈或缓解的疾病，却被邪教的歪理邪说所耽误，这正是因为邪教组织利用了病患渴望健康、渴望摆脱疾病的心理。

第一章　了解邪教

2. 信息闭塞、缺乏文化知识的人

邪教组织在传播邪教思想时，更喜欢去那些偏远的农村地区，因为那里信息比较闭塞，多老人和小孩，很少有人能够识破他们的骗术。近年来，随着全国各地的新农村建设，大多数农村都连上了互联网，很多信息通过网络便可以迅速查到。但对于那些生活在农村的老人来说，互联网这种新鲜事物已经不是他们能够掌握的了；相比于浏览网页，他们更喜欢听外来人口讲外面的故事。

▲ 被邪教侵害

邪教组织正是利用了这一点，对偏远农村地区的老人和小孩狠下"毒手"。利用封建迷信手段诱骗那些缺乏文化知识的老人，用小恩小惠去哄骗懵懂无知的小孩，然后再谋财害命，正是邪教组织惯用的伎俩。

近年来，针对这种情况，我国各级政府都加强了反邪教宣传工作，即使是偏远地区的农村，也都有专门用来普及反邪教知识的宣传栏，这在一定程度上减少了农村人群被邪教组织诱骗的情况。

3.内心脆弱、心理健康存在问题的人

邪教组织除了会人为制造恐慌，让他人产生负面情绪，还会寻找那些本来就存在负面情绪，陷入焦虑、抑郁状态的人，通过各种歪理邪说来加大他们的负面情绪，最终达到拉拢对方入教的目的。那些内心脆弱、心理健康存在问题的人，很容易成为邪教组织诱骗的目标。

一些人在人际交往、婚姻生活、职场工作中遭遇挫折，一时间无法解决，这时候邪教组织便会乘虚而入，利用他们的歪理邪说，甚至假冒宗教的名义，为这些人"支招"，以博取他们的信任，然后再谋财害命。当一个人处于人生低谷时，是很需要他人的关心和帮助的，这时候如果误以为邪教组织是"知心人"的话，就会落入邪教的陷阱而无法自拔，日后被坑害，后悔莫及。

4. 低收入群体、弱势群体

一些没有正当工作、居无定所的低收入甚至是无收入群体，也会成为邪教组织诱骗的目标。对于这些人来说，一份能够维持基本生活的工作，便足够了，邪教组织正是抓住这一点，利用一些小恩小惠来诱骗他们入教。一旦这些善良的低收入人群被骗入教，邪教组织便会欺骗他们的财物，或使用暴力手段强迫他们从事违法活动，甚至还会限制他们的人身自由。

邪教组织善于利用人们的心理弱点，以欺骗、胁迫等方式传播邪教思想，发展信徒。

当前，我国正在加大对职业教育的扶持力度，其目的就是让那些没有一技在身又无法进入大学学习的人掌握一些谋生的技巧。这项举措能帮助更多低收入或无收入群体找到工作，也能降低他们误入邪教组织的概率。

当然，想要真正躲开邪教组织的侵害，还需要我们自己在生活中多加留意。

5. 笃信玄学、有神论的人

一般来说，接受过科学文化教育的知识分子，多能够轻易识破邪教组织的骗人手法，但从我国司法机构查处的邪教组织犯罪案件中，却发现有一些知识分子也遭到了邪教组织的诱骗和侵害。这些知识分子多是对玄学、有神论内容感兴趣，但又不能正确区别宗教和邪教的人，也有一些人是因为自己的贪婪，才落入了邪教组织的陷阱。

6. 女性群体

一些邪教组织会专门对女性群体进行侵害，通过诱骗等方式，让女性误入邪教组织，成为邪教活动的牺牲品。

每个人都会有内心脆弱、放松警惕的时候，邪教组织往往会趁这个时候对我们进行诱骗和侵害。对此，我们应该时刻保持警惕，不要让自己陷入负面情绪中太久，及时调整心态，积极面对生活。

第一章　了解邪教

第五节　邪教并不是宗教

> 宗教团体是合法组织，邪教组织则是披着宗教外衣的非法组织，二者在本质上完全不同，不可以等同视之。遇到那些冒充宗教到处招摇撞骗的邪教组织，一定要立刻远离，并及时举报。

为了能够更顺利地骗到更多人，邪教组织常常会打着宗教的旗号作为幌子。从表象来看，邪教好像和宗教有相似的地方；但实际上，二者在本质上却是完全不同的。充分了解二者之间的不同，有利于我们更好地识破邪教组织的"假面具"。

宗教是人类社会发展到一定阶段出现的一种社会文化现象，它是一种思想信仰，也是一种精神寄托，是人类对人间力量的一种崇拜与敬仰。在我国，《宪法》规定公民有信仰自由。而邪教则是披着宗教外衣的非法组织，它是某些别有用心的人通过歪曲宗教教义，诱骗、胁迫他人从事违法犯罪活动的非法组织。在我国，是严厉打击邪教的。

具体来说，宗教和邪教的区别主要表现在以下几个方面。

1. 信仰对象不同

宗教的信仰对象是各种各样的神，这些神可以被看作支配人类日常生活的各种力量的一种具象化表现。宗教的神是无所不能的，但神之下的神职人员却并不能替

▲ 宗教与邪教本质不同

代神或超越神，成为信徒崇拜的对象，他们只能按照"神的意志"去行事。在宗教中，"神的意志"都不会违背法律规定和公序良俗。

邪教的信仰对象则是教主，教主是现实社会里的人，但他们常常将自己称为神在凡间的代表，有的教主还会直接称自己为神。因为没有正当的思想信仰体系和理论系统，邪教组织的教主只能通过编造各种歪理邪说来维护自己的地位。在邪教中，教主的意志通常是教主个人信念的产物，很多都有违法律规定和公序良俗。

2.组织性质不同

宗教组织的形成经历了漫长的过程，得到了各国政府和人民的广泛认可。在漫长的发展演化过程中，宗教形成了独有的教义理论、教规戒律和组织制度，很多宗教已经成为各个国家文化体系的重要组成部分。

而邪教组织的形成历程远没有宗教漫长，它们冒用宗教教义名义，滋生于社会的阴暗角落，从事着隐秘的犯罪活动。邪教的内部组织通常非常严密，不只是教义教规混乱不清，就连行事活动也十分诡异，在外面往往看不出它们的邪教本质。一旦加入其中，信徒的精神和人身自由就会被控制，成为受害人，想要脱身就变得非常困难。

3. 社会功能不同

大多数宗教活动都以道德教化、人文关怀、心灵慰藉为主，对于维护社会稳定具有积极意义。宗教的教义多倡导信徒要行善积德、爱护和平、遵纪守法、努力工作。许多宗教组织都会积极参与公益事业，对缓解社会矛盾、帮助弱势群体和净化社会风气起到了重要作用。

邪教的活动则多有一些不可告人之处，有的是以聚敛钱财为目的，有的则以破坏社会秩序为目的。邪教的歪理邪说不仅会毒害信徒的思想，还会对信徒的身心健康造成伤害，严重时甚至会危及信徒的生命。邪教组织对社会的稳定发展非但起不到一点积极作用，反而是社会的毒瘤，是见到就必须拔除的。

4. 活动方式不同

宗教活动在依法登记的宗教场所展开，信徒想要举行宗教活动，按照教义教规的规定，在合法的宗教场所进行。

邪教的活动则常常是隐秘的，信徒们多采取地下活动的方式进行联系；大多数时候，这些活动常常是带有违法性质的。

5. 法律地位不同

宗教组织是依法登记的社会团体，公民可以自愿选择信教或不信教；选择信教的公民依法开展正常的宗教活动，是受到国家法律保护的。

邪教组织则是非法的社会团体，其一切组织、人员、活动、财产都不会受到国家法律的保护。非法参加邪教组织活动的人员，还会受到法律的惩处与制裁。

由此可以看到，宗教与邪教的区别是非常明显的，无论再怎么美化、粉饰，邪教都不可能成为宗教，更不可能像宗教一样得到法律的保护。

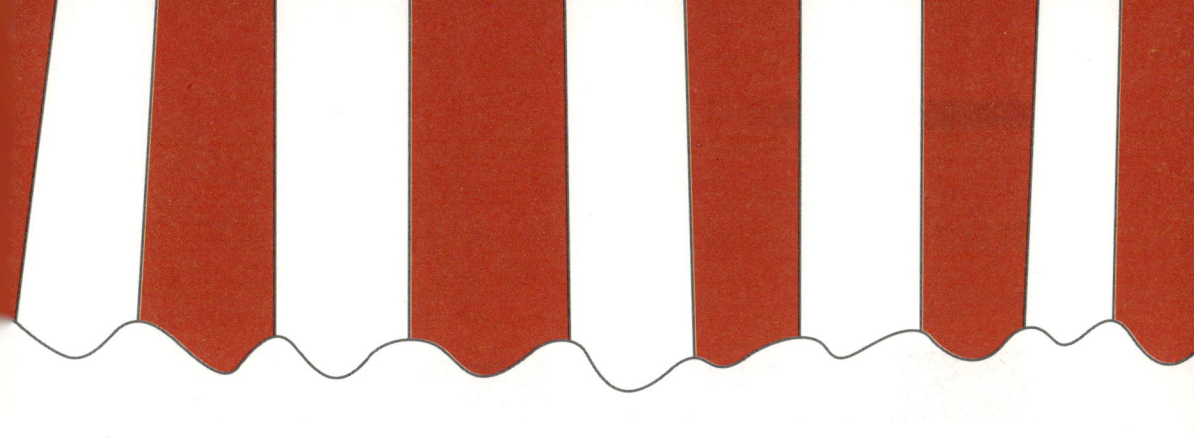

第二章
起底邪教

青少年反邪教知识

第一节 "法轮功"的滔天罪行

"法轮功"邪教组织不仅以精神控制等方式对信徒进行洗脑,还操控信徒从事各种违法犯罪活动,扰乱社会秩序。短短几年的时间,"法轮功"邪教组织便在中国大地上犯下了滔天罪行。

邪教组织"法轮功"的头目李洪志出生于吉林省公主岭市。中学毕业后,先后做过招待所服务员和粮油公司职工。1988年,他开始跟着别人学气功,到了1992年时,便开始靠着"功法"四处行骗,并着手建立"法轮功"邪教组织。

为了让自己的骗术更有效,李洪志先是把自己的生辰改成了1951年5月13日。之所以改为这天,是因为这天正是释迦牟尼诞生日。李洪志费尽心思将自己的生辰改成与佛教创始人一样的目的,就是让自己看上去更

"正统"一些。

除改生辰之外，李洪志还重新为自己编了一套早年的经历，比如"8岁修炼圆满""12岁得道""23岁接受大法"等。李洪志编造这些虚假早年经历的目的也很简单，就是想让别人觉得他"出身不凡"。

在完成了对自己的改造后，李洪志便开始编创功法动作。他的功法动作有的来自传统功法，有的来自舞蹈动作，有的则纯粹是他胡编乱造的。在差不多拼凑成一套功法后，李洪志便开始以"法轮功"为名在各地行骗。

起初，李洪志只是依靠一些宣传小册子在少数地区宣传。他向别人吹嘘自己神通广大，有用意念搬运、定物、控制和隐身的能力。但当别人让他演示时，他又以天机不可泄露之语拒绝演示。正是通过这种坑蒙拐骗的手段，李洪志的"法轮功"吸收了不少信徒。在组织规模扩大到一定程度后，李洪志又以教主的身份制定了一系列教规，以此来管控入教的信徒。

李洪志之所以能一步步扩大"法轮功"邪教组织的规模，就是因为他善于利用人们的心理，并以歪理邪说施行骗术。比如，面对那些不富裕的人时，他会说"世风日下,人都钻到钱眼里去了",以此来博取此类人的好感;而在面对那些富裕的人时,他又会说"反对平均主义",来讨好这类人。这种自相矛盾的说辞是最低劣的骗术,也暴露了李洪志及"法轮功"的欺骗本性。

在骗人的同时,李洪志还有一套"吃药就是不相信练功能治病"的说辞。很多信徒正是在这种说辞的误导下,贻误了治疗的最佳时机,最后小病转大病,大病转绝症,一步步走向死亡。在对信徒个人造成严重伤害的同时,李洪志还通过有组织的违法犯罪活动严重破坏社会的安全与稳定。

▲ 李洪志

第二章 起底邪教

早在1992年，李洪志便在北京建立了"法轮大法研究会"，其后又在各省建立了"法轮功辅导站"。通过一系列教规制度，李洪志一个人管理着整个"法轮功"组织。作为组织的最高头目，他经常发号施令让信徒从事违法犯罪活动，自己却悄悄躲在幕后。

由于各地新闻媒体针对"法轮功"组织的违法事实进行了持续报道，李洪志曾多次煽动、指使信徒冲击新闻出版单位，造成了极其恶劣的社会影响。除了聚众冲击新闻出版单位，李洪志还组织信徒以静坐、自焚等方式公然在国家党政机关或其他重要场合闹事，在国内国际都造成了极其恶劣的影响。

1999年7月22日，我国政府依法取缔了"法轮大法研究会"及"法轮功"邪教组织。7月29日，公安部发布了对李洪志的通缉令。在邪教组织面目暴露无遗之后，李洪志等"法轮功"头目潜逃到了海外，继续从事邪教活动。"法轮功"的许多信徒在政府和家人的帮助下，逐渐回归了正常生活。

近年来，潜逃到海外的"法轮功"组织成员邪心不死，始终在以各种身份做掩护，妄图抹黑中国，炮制"活摘"谣言，散布新冠谬论，策划反华新闻……境外的"法轮功"组织无所不用其极地编造各种"阴谋论"。

"法轮功"这样的邪教组织需要持续不断地蒙骗、造谣来达到自己不可告人的目的，而在很多时候，这种邪教组织还会被别有用心的人利用，成为其攻击国家和个人的工具。

第二章　起底邪教

第二节 "全能神"的丧心病狂

"全能神"邪教组织冒充宗教，隐藏其邪教本质，不断以歪理邪说诱骗他人信教，敛取大量钱财；很多误入"全能神"邪教组织的信徒都出现了精神上的问题。"全能神"被外媒列为世界四大冒充基督教的恐怖组织之一。

"全能神"邪教组织头目赵维山，出生于黑龙江的一个普通铁路职工家庭。1981年，赵维山加入了邪教组织"呼喊派"，并逐渐将全部精力用在传教上。这不仅让他丢了工作，同时也让他在邪教的道路上越发"走火入魔"。

1990年，赵维山开始着手建立自己的邪教组织，名为"永源教会"。因为缺乏资质及违法宣传，这一组织很快便被列为非法组织。为了逃脱追捕，赵维山带着几个骨干成员逃到了河南，又建立了"真神教会"。

青少年反邪教知识

在河南传教期间，赵维山认识了杨向彬这个"全能神"邪教组织中最重要的人物。其后，赵维山便以杨向彬为核心，将其封为组织的"女神"，宣称其为"神的化身"，以此来大力发展邪教组织。1993年，这一邪教组织正式更名为"全能神"。

在围绕杨向彬构建出"全能神"的信仰对象后，为了进一步欺骗群众，他们持续假冒宗教，赵维山等邪教组织骨干又通过对《圣经》的断章取义，胡乱拼凑，编撰出了《话在肉身显现》等邪教资料册子。

为了更好地拉拢信徒，"全能神"总结出了许多手段，在其发行的非法刊物中，也明确提到了"爱心感化""软磨硬泡""不择手段"等方法。对那些还未决定加入"全能神"的人，负责宣传邪教思想的人会通过送钱送物、女色诱惑、暴力殴打等方式，将其拉拢进"全能神"中。

2000年，"全能神"头目赵维山在被劳教之后，带着几名骨干成员潜逃出国。出国后的赵维山并没有放弃国内的"权力"，他将组织中的另一名骨干何哲迅任命为"全能神监察组组长"，将组织在国内的一切事务交由他"全权处理"。在此后近10年时间里，"全能神"

第二章 起底邪教

▲ 全能神

在何哲迅的带领下，迅速在全国多个地区吸收了一批被蒙骗的群众。

何哲迅从 1992 年开始便跟在赵维山身边，到 2000 年被赵维山任命为"监察组组长"期间，帮赵维山处理了不少组织中的事务。2000 年赵维山潜逃到美国后，何哲迅开始接手"全能神"在国内的事务。除了发展信徒、控制信徒外，何哲迅的主要工作便是组织人员向信徒收取"奉献金"。

所谓"奉献金",就是痴迷"全能神"的信徒为"女神"或"女基督"缴纳的费用。根据"全能神"的教义,"奉献金"交得越多,就越能早点抵达天堂。在2000年到2007年,何哲迅主管"全能神"期间,各地信徒上缴的"奉献金"有6000万元经他之手转给了"教主",还有7000万元没来得及转走。

早在创立邪教组织之初,赵维山便明确了"奉献金"只能由祭司(赵维山)享用的规定。也就是说,那些信徒上缴的"奉献金",除了极少部分用于维持组织运行外,绝大部分都进了赵维山的腰包。即使潜逃到美国后,他每月也能收到信徒们的"奉献金"。从这一点来看,赵维山创立邪教组织的主要目的,便是敛取钱财。

2009年,国家加强了对邪教组织的打击力度,"全能神"包括何哲迅在内的一批核心骨干悉数落网,"全能神"在国内的活动遭到有效遏制。2011年,我国公安机关进一步开展摧毁邪教组织的行动,再次对"全能神"进行专项打击,在全国范围内抓捕了120多名邪

第二章 起底邪教

教组织骨干，对"全能神"在国内的活动造成了严重打击。

一系列打击邪教组织的举措对"全能神"在国内的活动起到了遏制作用，但邪教组织就像病菌一样，无孔不入，死而又生。2012年，赵维山在国外曾组织过全国性的"全能神"活动，大肆传播世界末日思想，并以此来发展信徒。在这一活动中，赵维山不断向组织内信徒兜售"诺亚方舟末日逃生装置"，大肆敛取钱财。

"全能神"的"祭司"就像一个吸血鬼一般，贪婪地吮吸着信徒的"鲜血"，而误入"全能神"的信徒们，则像一个个行尸走肉般向组织奉献着自己。除了为组织献尽家产，很多信徒的精神还出现了问题，甚至做出了极其丧心病狂的恶行。

2014年5月28日，在山东招远的一家快餐厅，"全能神"信徒张某等6人，将无辜女性吴某活活打死。警方介入调查后发现，张某等6人杀害吴某的原因竟然是索要电话号码遭到拒绝。而张某之所以要向吴某索要电话号码，则是为了向她"传教"。

如此简单而又荒唐的理由，竟能成为张某等人残害

青少年反邪教知识

生命的理由。张某一行六人正是因为痴迷"全能神"的歪理邪说，才走上了违法犯罪的道路。此等恶行，必然会受到法律的严惩；但对受害者家人造成的伤害，却永远也无法弥补。

> 邪教组织不是宗教，他们并不会向信徒传"福音"，他们只会敛骗信徒的钱财供自己奢靡享乐，甚至会谋取他人性命。

误入邪教组织，害人又害己。那些邪教组织的忠实信徒，为"教主"倾家荡产，最后又得到了什么？他们得到了神灵的庇佑吗？很显然并没有，他们只是教主手中的一个傀儡，在其价值被榨干之后，便成了可有可无的存在。那些相信邪教组织会为自己带来庇佑的人，到最后什么都得不到。

第二章 起底邪教

第三节 "华藏宗门"的歪理邪说

> 一个流氓无赖披上大德宗师的外皮，以歪理邪说诓骗他人、聚敛钱财、从事违法犯罪活动，虽能享一时之乐，但终将受到法律的严惩。

"华藏宗门"又称华藏法门、华藏玄门、华藏功，是广东人吴泽衡在1993年建立的一个邪教组织。吴泽衡称自己为"华藏"，宣扬双修避灾，称"男女双修可以使人达到学佛的最高境界"。依靠这种与佛教教义严重相悖的论调，吴泽衡慢慢组建起了自己的邪教组织。

7岁得高僧接引，11岁随师入山修行，18岁成少林寺最年轻总监坛……这是吴泽衡个人宣传片中对其人生经历的介绍。这样一位超凡脱俗的"宗师"，希望"为世界带来和平，为信徒带来安康"，简直是圣人般的存在。每次遇到外人时，吴泽衡表现得也确实像个"圣

青少年反邪教知识

人"一般,举手投足间都能显露出"人性的光辉"。但在遇到同村人时,他却不敢把自己装成一个"圣人"模样,因为同村的人都知道,这位"宗师"其实是个劣迹斑斑的混混。

原来,1967年出生的吴泽衡,在未成年时曾因为调戏妇女在公安机关留下过案底;20多岁时,又因为诈骗罪和流氓罪被公安机关收容审查;到了30多岁时,他又因经济犯罪被判处11年有期徒刑。

如此来看,这位"宗师"的人生经历还真是"丰富",但这种违法乱纪的"丰富"显然是为人所不齿的。这样一个劣迹斑斑的人,难道只依靠几个宣传片就将自己塑造成了"宗师"?他又是靠什么来拉拢信徒的呢?

20世纪80年代,国内曾掀起过一股"气功热潮",年轻的吴泽衡看到了发家的机会,也办起了"气功班"。他到处吹嘘自己用"华藏功"治好了大领导的病,还准备了一些自己和领导们的合照,就这样慢慢塑造起"气功大师"的形象,拉拢了第一批"追随者"。

为了更好地完善自己的形象,吴泽衡又为自己编造了"释迦牟尼第八十八世""少林寺第三十二代传人""英国剑桥大学人文学博士"等噱头。同时,还以

第二章　起底邪教

7岁得高僧接引

11岁入山修行

18岁成少林总监坛

未成年调戏妇女

20岁诈骗

30岁经济犯罪

▲ "华藏宗门"吴泽衡

"用嘴一吹，能吹出一场大雨""连续九年每天只吃一颗红枣、喝一杯茶"等谎言宣传自己的"神通"。

这些歪理邪说让吴泽衡拉拢了一批忠实信徒。他通过非法集资得到了第一桶金的同时，也因非法经营罪入狱11年。等他出狱后想要重操旧业时，才发现气功已经不热了，这时人们喜欢的是慈善和养生。为此，吴泽衡因时而动，很快便用"生命科学""行善积德"重新将自己包装起来，原来的"华藏功"也摇身一变成了"华藏宗门"。吴泽衡的邪教组织不仅没有消亡，反而一步步壮大起来。

误入"华藏宗门"的信徒很多对佛教有兴趣，相信因果报应；但这些人大多没有研习过佛教的理论经典，只是嘴上说佛，其实脑中对佛并没有什么认知。也正因如此，吴泽衡才能利用自己的"佛"，成功诱骗他们加入邪教组织，而后又通过各种教规训诫对他们进行精神控制。

比如，吴泽衡通过为弟子赐名来建构师徒关系，以"弟子要对师父绝对服从"为名来控制信徒的行动。除此之外，吴泽衡还通过恫吓、立誓的方式控制弟子的言行；对于那些心存疑虑的弟子，则会以《戒律度》《戒品示》等教规对其施以惩罚。久而久之，即使最初对吴泽衡心存疑虑的信徒，到最后也成为其精神上的奴隶。

成功控制信徒后，敛骗钱财便成了吴泽衡的首要工作。从最基础的拜师费、供养费开始，吴泽衡炮制了许多敛财的手段。比如他宣称自己的字画中蕴藏着"神秘能量"，能够"保人平安"，然后将自己的字画以10万到50万的价格出售给弟子；他还谎称有一批自己"加持"过的黑檀木印章，可以5万元一枚的价格出售给信徒，但实际上这些印章都是他从网上以极低价格买来的粗制滥造的小商品。

看到"开光"的法器如此畅销,吴泽衡开始授意弟子开办专卖"佛具"的店铺,因为店铺中的"佛具"都经过他的"加持",所以他要从店铺收入中抽取50%的收益;光有"开光"的法器还不够,吴泽衡还授意弟子开办了"全息养生"御膳馆,因为每道御膳都经过他的"精心调配",所以他也要从中抽取50%的收益。

如此成系统的敛财手段,使得吴泽衡可以整日享乐而什么都不用做。为了满足自己的私欲,吴泽衡还以"男女双修"为名,引诱、胁迫数十名女弟子与自己发生性关系。对于那些不服从自己的女弟子,他便以会对她们降下诅咒为由,逼她们就范。

对于吴泽衡四处宣扬歪理邪说之事,有网友自发成立了"揭批吴泽衡联盟",一一揭穿了他的谎言。有关部门也通过细致查证,了解到"华藏宗门"并非注册在籍的宗教组织,吴泽衡本人也并非佛教中人。当然,这些情况吴泽衡自己比谁都清楚。

为了与政府部门对抗,吴泽衡自2010年起开始重新粉饰自己的人生经历。他并不否认自己曾进过监狱,但却一口咬定自己是为了向国家上书治国方略而遭到了迫害。

青少年反邪教知识

　　为了给公安机关办案人员制造麻烦，吴泽衡还要求弟子们到派出所"围观"，通过记警号、拍照、录像等手段，干扰公安机关办案，扰乱社会治安。为了增强对自己的保护，吴泽衡甚至还授意弟子撰写了《华藏宗门突发事件应急预案》，其中规定了各种"紧急情况"的"应对方法"。

　　为了逃脱法律的制裁，吴泽衡可谓绞尽脑汁。但天网恢恢，疏而不漏，在认定了吴泽衡以及"华藏宗门"违法犯罪行径之后，有关部门迅速行动，将吴泽衡缉拿归案，并依法取缔了"华藏宗门"这一邪教组织。

无论邪教组织头目把自己伪装得多么完美，他们都无法抹去自己过去的劣迹和后来骗人的本质；只有保持独立思考，才能识破他们的假面目。

第四节 "门徒会"丧尽天良

"门徒会"假冒宗教的名义,以"传福音"的形式诱骗缺乏文化知识的民众"信教",控制其思想和精神,并掏空其腰包,是典型的邪教组织,与我国合法的基督教组织没有任何关系。

"门徒会"邪教组织头目季三保出生于陕西省一个农民家庭,他从1976年开始信奉基督教,但没过多久便远离基督教,转身加入了邪教组织"呼喊派"。1985年,季三保自己杜撰了一套《七步灵程》的歪理邪说,宣扬"末日理论",并将自己塑造成"拯救者"。

在季三保的邪说中,他作为"拯救者",需要建立"基督天国";加入"基督天国"的人,则要自觉去"传福音"(拉拢其他人信教)。除了要求信教者要"传福音"之外,季三保还将"一天只吃二两粮""有病不吃药，祷告能治病"作为重要的"教义"加以宣传。

20世纪80年代，季三保正是凭借这些歪理邪说在多个省的农村地区四处招摇撞骗，拉拢了最初一批信徒。1989年，季三保在家中召集信徒集会，宣称自己为"雅各之父"，许明朝（"门徒会"另一头目）为"雅各之母"，并确立了组织中的"十二门徒"。由此，"门徒会"邪教组织正式建立。

在建立起组织架构后，季三保进一步扩充了自己的邪教思想，公开宣传"先争人心，后夺政权"的反动思想。在"门徒会"的邪教书籍中，季三保公然鼓吹自己是"真龙天子"，鼓动"门徒会"成员造反闹事，妄图颠覆地方政权。

在季三保的鼓动下，"门徒会"的骨干成员像着了魔一样，在各地农村地区宣传邪教思想。为了拉拢更多的群众加入邪教组织，这些人甚至挨家挨户敲门强迫群众入伙，在各地造成了极其严重的负面影响。

面对"门徒会"的猖狂行径，有关部门依法严厉查处，成功抓捕季三保，并依法判处有期徒刑7年。季三保的入狱并没有彻底摧毁"门徒会"；即使季三保出狱后因车祸死亡，也没有对"门徒会"造成太大打击，因为这一时期,"雅各之母"许明朝成了顶替季三保的新头目。

季三保死后,许明朝开始利用各种邪教宣传资料神化自己,并从精神上控制"门徒会"成员为自己谋利。在许明朝掌权这段时期,"门徒会"进一步强化了自身的宣传手段。为了更好地迷惑群众,他们大量采用"做见证"的方法,来诱骗群众信教。

所谓"做见证",就是让"门徒会"成员用自己的"亲身经历"讲述加入"门徒会"的各种好处。比如,有的"门徒会"成员说在信教后,因为"一天只吃二两粮",使家里的粮食增加了不少;有的成员则以自己"久病不愈"的经历,声情并茂地讲述"祷告"让自己重获新生。为了更大范围地传播这些邪教思想,"门徒会"还将这些"见证"都印制成宣传资料,免费向群众发放。

为了让"见证"的效果更逼真,"门徒会"还专门印制了《见证需知》,供各地"门徒会"成员传阅。如果哪个"见证"的案例被群众拆穿,那"门徒会"便会立刻删掉这一"见证",重新填补上新的"见证"。

比如,"门徒会"的一名成员在"做见证"时宣称自己手中的1元人民币是从天堂掉下来的,透过这张人民币,便可以看到天堂的世界。听了这一"见证"后,有一个小学生想要索要该人民币用于"考试作弊",但却遭到"门徒会"成员的拒绝。如此一来,围观的群众便识破了这一骗局。此次"做见证"活动失败后,在"门徒会"的"做见证"活动中,就再也看不到这一"见证"案例了。

"门徒会"之所以要如此大费周章地诱骗信徒入会,其主要目的便是聚敛钱财。"门徒会"的主要经济来源

▲ 门徒会

便是信徒的"慈惠款",这些从信徒那里收上来的钱财少部分用在了维持邪教组织的运转上,大部分则被组织头目和骨干用来挥霍。只有尽可能多地拉拢信徒入会,这一邪教组织的头目和骨干才能继续挥霍享乐。

对于那些相信了"门徒会"的歪理邪说的人来说,他们所信奉的"祷告治百病""信教保平安"等,只是邪教组织为了从他们身上榨取钱财而编造的谎言;一旦加入了"门徒会",他们便要节衣缩食,并将节省下来的钱上交给组织作为"慈惠款"。一些本就身染重病的信徒,妄想着依靠"祷告""赶鬼"等方式挽救生命,最终不仅赔了钱款,而且还搭上了性命。

早在2005年,许明朝等"门徒会"骨干成员便被判处有期徒刑。近年来,在有关机关开展的反邪教斗争活动中,"门徒会"遭到严厉查处,各地的骨干成员多被抓捕归案,这一邪教组织的势力也基本消亡。

青少年反邪教知识

第五节 "观音法门"装神弄鬼

"观音法门"妄图宣扬伪科学，利用部分群众对科学知识的深奥不易理解的特点，大肆宣传自己的伪科学言论，迷惑群众，疯狂敛财。

"观音法门"邪教组织的头目释海清，原名张兰君，祖籍广东，出生于越南，现为英国籍。与其他一些邪教组织的头目不同，释海清家境优渥，知识水平较高，曾先后从事过翻译和照顾难民的工作。原本有着光明前途的她，却在1998年自创了邪教组织"观音法门"，走上了违法犯罪的道路。

在"观音法门"中，释海清宣称自己为"清海无上师"，并宣称自己是释迦牟尼、耶稣基督和真主安拉等的"共主"。一下子把自己抬到如此高的地位，释海清并不只是嘴上说说而已，在组建邪教组织"观音法门"

时，她从佛教、天主教和伊斯兰教的教义中"各取所需"，最终完成了"观音法门"教义的编撰。

在创立"观音法门"之初，释海清更多还是借"神明之光"，来吹嘘自己是释迦牟尼、耶稣和安拉等圣人的"传人"。在完成了自我神化后，她索性将自己与那些圣人并列，甚至将自己排在圣人之上。如此毫无逻辑、不成体系的教义，如此狂妄自大、恬不知耻之人，却也靠着装神弄鬼拉拢了一批信徒。

"观音法门"从中国台湾起步，相继传播到中国香港，及新加坡、马来西亚、澳大利亚、瑞典、英国、德国和法国等30多个国家和地区，一跃成为全球颇具影响力的国际性邪教组织。在20世纪90年代初，中国大陆也曾出现过"观音法门"的身影，但并未形成一定规模。

在敛财方面，释海清不像其他邪教组织头目那样，主要依靠信徒的"奉献金"来聚敛财富，而是专注"商业市场"，建构起了自己庞大的邪教"商业帝国"。

首先，释海清以"素食拯救地球"为幌子在全球各地开办了"爱家国际连锁餐饮""伊甸园易购网""天衣天饰旗舰店"等企业。这些企业表面上做的生意并没什么问题，但实际上，其背地里却干着倒卖"观音法门"非法宣传品的勾当。在20世纪90年代，我国的一些城市也曾出现过这类商贸企业，借着正常经营的名义，背地里从事着邪教组织活动。

其次，释海清的这些商贸公司，还会售卖一些被释海清"加持"过的物品，比如照片、像章、挂饰等。那些看上去售卖正规商品的公司，实际上售卖的也是由释海清"开光"过的商品，比如一条普通休闲裤的售价高达1200多元，一个印有释海清照片的手机链要1000元。这些非正常商贸活动所获得的钱款，最后都进入了释海清的腰包。

最后，释海清也没有放弃邪教组织传统的敛财方法，她还通过鼓吹"不药自疗"、骗人吃素食治病的方法大肆敛财。事实上，误入"观音法门"的许多人也正是被她这种说法所打动，最后才人财两空的。

对于那些身患重病的信徒，释海清宣称食用"观音法门"的素食，不用吃药便能自我康复。有的信徒花了150万元买素食吃，不仅没有治好病，还加重了病情。释海清向那些受疾病困扰的患者推荐选用"素食抗疫"的方法，高价向其兜售素食，大肆聚敛钱财，置他人生命安危于不顾。

　　由于释海清的邪教组织具有较强的隐蔽性，所以不容易被察觉、识破。近年来，国内国外都有因听信"观音法门"的歪理邪说而遭受生命及财产损失的人。对此，在日常生活中，我们需要对那些满嘴讲着所谓"科学思想"，却又无法解释到底科学在哪里的人保持警惕，这些人很可能是在传播伪科学。

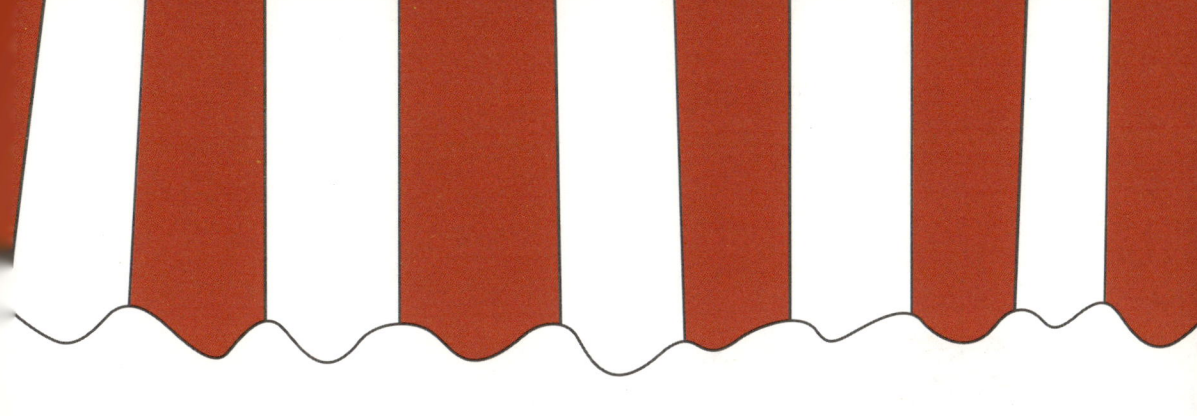

第三章
邪教的危害

青少年反邪教知识

第一节 乱人心，谋人财

邪教组织对大众最直接的危害，就是乱人心智、谋人钱财。误入邪教组织的信徒，要么在精神控制下精神错乱，要么在欺诈哄骗下倾家荡产，甚至连性命都搭上。

在加入邪教组织"法轮功"之前，孙女士本拥有一个幸福美满的家庭，有疼爱她的老公，也有带给她感动的女儿；虽然生活不算大富大贵，但也算得上是小康人家。但现在对她来说，一切的美好都已经不复存在，是邪教组织"法轮功"毁了这一切。

20 世纪 90 年代末，孙女士最初接触"法轮功"纯粹是出于好奇。她听到身边有人说练"法轮功"好，能"百病不侵"，还给发生活用品。出于贪小便宜的心理，她开始隔三岔五地跟着别人学"功法"。原本只是为了凑凑热闹的她，却慢慢成了"法轮功"的忠实信徒。

第三章　邪教的危害

随着与邪教组织人员接触得越来越多，孙女士对其宣传的"末日""灾难"言论越发着迷。为了逃避"世界末日"，去往"遍地都是黄金的天国"，她开始更加专注地修炼功法。渐渐地，练习"功法"成了她生活中的头等大事，她也由此一步步走入邪教组织设下的陷阱。

在将大量时间用于修炼功法的同时，孙女士还经常去参加邪教组织的各种宣传活动。这其实就是以各种歪理邪说拉拢更多人入会的活动，但孙女士自己却并不这么想，她认为自己是在拯救世人，能多拉一个人入会，就能多积一份"功德"。

在彻底陷入邪教组织之后，孙女士的生活发生了很大改变，丢了工作不说，就连平时的家务也不再过问。由于长时间修炼功法，孙女士对亲情和家庭的认识出现了偏差，不仅与朋友都断绝了联系，而且还与丈夫、女儿产生了隔阂。

用孙女士自己的话来说，师父（邪教组织的教主）讲想要修炼好，就要"修掉"常人之"情"；为了把功法练好，就得什么都不要。邪教组织对孙女士说的"什么都不要"，自然不只是不要亲情；想要在"功法"上更上一层楼，就要将所有身外之物都抛开。为此，孙女

青少年反邪教知识

士将自己的积蓄全部"贡献"给了组织，这样自己便可以专心修炼功法了。这时的她根本不会去想，为什么信徒们要抛开财产去修炼，而师父却不需要抛开财物。

即使在邪教组织"法轮功"被取缔后，孙女士依然没有摆脱精神上的束缚；没有了"传教"人员的"指导"，孙女士反而更加积极起来。任凭丈夫、女儿和父母怎样规劝，孙女士都无动于衷，因为她师父曾经说过："练功本来是件好事，这些人却总是要跟你过不去。他们是在帮你消业；你若是被这些魔障所阻挡，那你的功法就很难精进。"

孙女士没有被家人阻挡住自己"精进"的脚步，而是更加卖力地"弘法传教"。她不仅每年交几千元的钱作为组织的宣传经费，还会拿着组织的宣传册四处宣传。虽然每次都会遭到邻居朋友的厉声斥责，她依然不肯放弃，因为她相信自己很快就能得到"圆满"。

在期盼"圆满"的过程中，孙女士的家庭一天天败落。她早已没有了过日子的心思，只想着邪教的"功法"；有病不吃药，和家人保持距离，甚至连葱姜蒜都不碰。邪教的各种禁忌让孙女士的家人苦不堪言，最终丈夫和女儿都相继离开了孙女士，一个原本美满的家庭

第三章 邪教的危害

▲ 邪教乱人心智

就此破裂。

变成了孤家寡人的孙女士依然没有醒悟,因为她相信"修去名利情"是走向"圆满"的最后一步。家庭破裂之后,孙女士的生活更加不规律,眼见身体健康状况每况愈下,孙女士依然相信师父的"功法"能够保佑自己平安。

有一次,孙女士在修炼"功法"时,突然感到身体一阵剧痛,这时的她没有第一时间打120,而是想着师

青少年反邪教知识

父的"功法"会为自己祛除病痛。于是,孙女士强忍着病痛继续修炼,最终晕倒在家中。当孙女士醒来后,自己已经在医院被抢救了过来。出院回家后,原以为那些一起练功的"功友"们会来看望她,但却没有一个人来看过她。

这一次,孙女士如梦方醒,终于下决心不再修炼功法。只不过,曾经的美满家庭已不复存在。十几年过去后,已经回归正常生活的孙女士再回首那段"练功"往事,依然懊悔不已。

从某种意义上来讲,孙女士是幸运的,她能够在国家和政府的关怀下重新回归正常生活;那些因练习"功法"而丢了性命的人,再也没有机会回到正常的生活了。

第三章 邪教的危害

第二节 侵犯人权，践踏生命

邪教组织通过精神控制和暴力胁迫等方式控制信徒，侵犯信徒的人身权益，严重时，还会威胁信徒的生命安全。

李女士是在老同学的拉拢下，成为"全能神"信徒的。对于同学口中所说的"世界末日就要来了，'全能神'是唯一的真神；只有信'全能神'，才能获得拯救"，李女士最初虽然不信，但内心却非常害怕。

拉拢李女士入会的同学见李女士并没有完全"信神"，便经常去找李女士唠家常，还会拿一些小册子给她看。久而久之，李女士对"世界末日"的恐惧越来越强烈，对"全能神"的信赖也越来越深。

李女士与丈夫的感情不太好，经常遭到丈夫的打骂。了解到这种情况后，李女士的同学便经常带李女士参加"兄弟姐妹"的聚会。在聚会中李女士得知，"'全

青少年反邪教知识

能神'的工作就是要打破家庭。只有那些顺服于神的人，才会得到神的眷顾；悖逆神的人则会遭到毁灭。如此一来，家庭也就不复存在了。"这种毁灭家庭的说辞很能打动李女士，她觉得只要自己能够全心全意地信奉"全能神"，便可以抛开所有让她痛苦的事。

邪教组织会针对信徒的不同情况，变换各种话术，以达到欺骗信徒的目的。只要能成功达到欺骗的目的，他们什么谎话都能编得出来。

信奉"全能神"并不能只表现在心中，还要表现在行动上。在同学的介绍下，李女士进入邪教组织工作，专门负责参加聚会的"兄弟姐妹"的衣食住行。"全能神"的"教规"中提到，信奉"全能神"是不能讲条件的；那些为"全能神"工作的人，如果想要从"全能神"那里获得报酬，那简直就是丢了人性。

这也就是说，李女士需要自己负担组织聚会的所有支出；用"全能神"的话语来说，李女士这是在做"预备善行"，是在为未来积福。除了组织聚会，李女士还

第三章 邪教的危害

▲ 谋财害命

要到各地信众中传递字条,路途中的所有开销都需要由李女士自己承担。她只能将自己所剩不多的退休金拿出来应急。

在"全能神"的言论中,诱骗信徒奉献钱财的说辞花样最多,比如"灾难降临后,不信'全能神'的人都会死掉;剩下的信'全能神'的人想在哪里生活,就能在哪里生活"。这种说辞让众多信徒甘于奉献,很多信徒都将存款用来做"预备善行"。李女士更是把自己的保险全部退保,将保险退款悉数奉献。

青少年反邪教知识

作为组织的元老，李女士的同学被提拔出国开展"全能神"的工作，这让李女士羡慕不已。但事后李女士才知道，这位同学去到国外后，主要负责打工赚钱弥补教会的开销，被查到身患糖尿病后，便被以"回家养病，以免给'全能神'带来麻烦"的说辞送回国了。

对于同学的遭遇，李女士心生疑虑，她开始思考自己是不是也会经历这些。但很快，对"全能神"的信赖让她不再思考这些有违"全能神"的要求的想法。李女士依然在组织内任劳任怨地工作，即使发现身体出现了异样，依然笃信"神"会拯救自己。

有一次，李女士突然觉得胸口很痛，她认为是自己太劳累了，休息几天就会没事。但一周后，她的症状依然没有好转，她只得向同样信"全能神"的姐妹说了自己的情况。在接受了几天组织内姐妹的按摩后，她觉得情况有所好转，便认为这是得到了"全能神"的庇佑。因为"全能神"曾说过，只要还有一口气，"神"都能把她救过来。

这些"全能神"的鬼话在外人听来很荒诞，但在李女士听来却如治病良药。就这样，李女士的病一拖就是两年，到最后实在难以忍受时，还是家人强行架着她去了医院。但让人想不到的是，原本手术便可清除的小病症，现在已经发展成了癌症晚期，只能以保守治疗的方法减轻李女士的病痛。

在弥留之际，强忍着痛苦的李女士看清了"全能神"的真面目，知道那些"神"的指示都是骗人的假话；她所信奉的不是"神"，而是彻头彻尾的"恶魔"。最终，李女士在病痛的折磨下离开了人世，留给家人的只有无尽的伤痛。

青少年反邪教知识

第三节　制造社会恐慌氛围

邪教组织为达到自己的邪恶目的，常常会组织信徒开展一些违法活动，这些活动则会在整个社会制造恐慌氛围。

日本邪教组织"奥姆真理教"由麻原彰晃在1984年创立，从1989年到1995年，"奥姆真理教"相继实施了"松本沙林毒气事件""坂本堤律师一家被杀害事件""龟户异臭事件""东京地铁沙林毒气事件"等一系列恐怖活动。这些恐怖活动都是在其教主麻原彰晃的指示下进行的，其主要目的就是实现他个人的政治野心。

在1995年时，"奥姆真理教"已经拥有近1.5万名信徒。随着信徒人数的增加，麻原彰晃个人的政治野心也开始膨胀，虽然在前几年的众议院选举中惨败，但麻原彰晃并没有放弃自己的权力欲望。在先后制造了一

第三章 邪教的危害

系列暗杀事件后,"奥姆真理教"在麻原彰晃的带领下,开始筹划与政府对抗。

在麻原彰晃的指示下,"奥姆真理教"骨干从苏联买回了一架苏制米-17武装直升机,以及一台军用检测芥子气的仪器。在这之后,"奥姆真理教"的信徒便开始尝试自制"沙林"毒气。在1994年喷洒沙林毒气的实验中,造成了660位平民中毒,7名平民中毒身亡的惨剧。

"奥姆真理教"的嚣张行径很快便引起了日本警方的关注,在喷洒沙林毒气实验后,日本警方决定于1995年对"奥姆真理教"进行突击检查。但因为当时发生了阪神大地震,导致原定的搜查计划被迫延期。让人想不到的是,这次突然到来的天灾,却为"奥姆真理教"实施更大规模的犯罪活动提供了准备时间。

在得知警方要开展突击检查后,麻原彰晃决定在东京市中心实施大规模的沙林毒气施放,以阻断警方的搜查计划。

1995年3月20日,"奥姆真理教"的5名信徒接到了在东京地铁投毒的任务。在这之前,"奥姆真理教"的头目村井已经安排好了具体的投毒路线和实施方案。

青少年反邪教知识

这天一早，5名信徒每人拿着一把塑料雨伞，拎着两个装有沙林毒气的袋子走入地铁站。

装有沙林毒气的袋子一共有两层，想要用雨伞尖部轻松将其捅破，需要先将外面的尼龙袋摘下来。5名信徒找到确定的投毒位置后，先将尼龙袋取下，将装有沙林毒气的袋子放在地铁列车的地板上，然后又用伞尖在袋子上戳了几个洞后，便迅速逃离。

对于乘坐地铁上班的日本人来说，这天与往常并没有什么不同，地铁站内依然人潮汹涌，只不过在一些地

▲ 制造恐慌

铁车厢中，乘客的表情和状态有些不太对劲。据一位幸存者描述，他走入车厢后，发现一位男乘客的手死死抓着吊环，整个人有气无力地耷拉着身子。地铁刚启动没多久，抓着吊环的男人便摔倒在地；在他倒下的地方，流淌着黏稠的液体。在男人倒下之后，车厢里响起了此起彼伏的咳嗽声和哭喊声，人们惊慌失措地朝着车门跑去。

在这场地铁投毒事件中，共有12人死亡，14人终身残疾，5500人受伤。麻原彰晃的目的达到了，他们的恶行震惊了整个世界。在投毒事件发生后，日本警方开始全力抢救伤员，根本没有时间再去考虑对"奥姆真理教"展开突击检查的计划。

但在东京地铁毒气事件后，日本警方结合各种线索，发现这些犯罪行为都是"奥姆真理教"所为。3月22日，日本警方组织了2500人，对"奥姆真理教"总部展开了突击行动，抓获了一些头目，查获了大量沙林毒气制造原料。面对警方的突击行动，"奥姆真理教"的信徒也展开了反击，他们袭击了警视厅的官员，并在4月19日又制造了横滨站毒气事件。

面对"奥姆真理教"越来越严重的犯罪行为，日本警方开始在全国范围内搜捕麻原彰晃。最终，日本警方在一处密室中将麻原彰晃抓捕，并在全国捣毁了"奥姆真理教"的130多个据点。

邪教组织的规模一旦过分膨胀，其教主便可以利用信徒去制造大规模的社会事件，引起社会的恐慌，很多国家都曾出现过这种情况。这对各个国家的社会安全及稳定，以及普通百姓的生命安全，将会造成极大危害。

第四节 威胁社会安全及稳定

邪教组织的教主虽然宣称自己是"神"的化身,但却对人世间的权力和地位颇为看重。为了达到个人的政治目的,一些邪教组织的教主不惜制造各种危害社会安全及稳定的犯罪活动。

取缔邪教组织已经成为当前世界各国政府的一大难题。美国作为一个标榜思想自由的国家,在很大程度上为邪教组织的滋生提供了便利。根据美国加利福尼亚州伯克利大学心理学教授玛格丽特·辛格向白宫提供的一份报告,美国的邪教组织最多时达到了5000个,有1000万到2000万人曾卷入各种邪教组织的活动中。

在美国的诸多邪教组织中,"大卫教派"可以说是最为嚣张的一个,他们不仅大肆宣扬世界末日思想,还公然与政府对抗,制造大规模伤害事件,危害了社会的

青少年反邪教知识

安全及稳定。

"大卫教派"全称为"基督复临安息日会大卫支派",由美国人维克多·胡太佛于1934年创立。该组织假冒宗教名义,主张世界末日是一场和异教徒的血战,信徒们只有在这场战斗中献身,才能升入"天国"。

在"教派"成立多年后,胡太佛将教会总部迁到了得克萨斯州韦科小镇的卡梅尔庄园,并在这里继续招募信徒。1955年胡太佛去世后,"大卫教派"陷入混乱、分裂的状态,先后有多人登上教主之位,但并没有让整个"教派"稳定下来。直到1987年,大卫·考雷什(原名弗农·豪威尔)登上教主之位后,整个教派才稳定下来。也正是从这时开始,"大卫教派"开始朝着极端邪教组织的方向发展。

1990年,大卫·考雷什开始广泛传播世界末日的"教义",并利用教徒们渴望用超能力改变现状的心理,通过军事化手段来统治他们。渐渐地,大卫·考雷什在教派内树立起了信徒对他个人的狂热迷信与崇拜。

在这之后,大卫·考雷什开始以军事化手段管理整个教派。他在庄园中修筑掩体、囤积粮食,还通过各种渠道购置冲锋枪、机关枪等武器。为了更好地戒备,考

第三章　邪教的危害

▲ 威胁社会稳定

雷什还在庄园中安排了哨兵持枪巡逻，俨然将庄园打造成了一个密不透风的军事王国。

在庄园中，考雷什成了绝对的统治者，他用世界末日思想给信徒洗脑，让他们失去独立思考的能力，不许有任何欲望，过着一无所有的清贫生活。而反观考雷什自己，他可以支配庄园中的所有金钱，享受所有美酒，可以对信徒施行任何惩罚。

"大卫教派"在庄园中的一系列举动，已经明显对社会稳定构成了威胁；如果任由其发展下去，将会成为威胁地区安全及稳定的"炸弹"。为此，美国政府组织了大规模的武装力量，以清除"大卫教派"。

行动当日，美国政府出动飞机和坦克，对庄园进行围剿。但此次围剿遭到了考雷什及信徒的疯狂抵抗，围剿当日便有6名"大卫教派"信徒和4名政府执法人员丧生。最终，在双方对峙了51天之后，美国特工在坦克和装甲车的掩护下，攻入庄园。但此时信徒们已经放火烧毁了庄园，教主大卫·考雷什和其他80多名信徒皆丧身火海。这一事件便是震惊世界的"韦科惨案"。

原以为清除了大卫·考雷什后，"大卫教派"就会偃旗息鼓。但让人意想不到的是，"韦科惨案"两周年那天，美国俄克拉荷马州首府俄克拉荷马城的联邦政府机构大楼发生爆炸，200多人被炸死或掩埋在瓦砾之下。大爆炸发生后，美国政府认为这是"大卫教派"的余党为了纪念和报复"韦科惨案"发动的一场恐怖袭击。虽然涉案的嫌犯很快便被逮捕，但逝去的生命却再也回不来了。

在世界各地，像"大卫教派"这样的邪教组织还有很多，它们的存在对于整个社会来说就像是一颗不定时的"炸弹",一旦被引爆,便会对整个社会造成极大的危害。邪教组织的规模越大,对社会安全及稳定的威胁也就越大,所以必须趁邪教组织还未形成规模之时,就将其彻底拔除。

青少年反邪教知识

第五节 危害社会经济发展

邪教组织的许多歪理邪说都与不劳而获有关，多教人信教、练功、修行，而不必从事生产劳动。如果所有人都信奉这种歪理邪说，那社会经济的发展就会受到严重影响。

谭女士出生在一个风景秀美的小山村，小学毕业后在家务农，而后外出打工、结婚生子，过着平淡而安乐的生活。为了添补家用，谭女士将子女交给婆婆照顾，自己到附近的工厂打工，虽然挣得不多，但多少也改善了家里的经济状况。

转折出现在谭女士工作的第三年，她遇到了一个拿着《圣经》传教的大姐，在这位大姐的引导下，她开始信奉这位大姐所谓的"基督"。在一次聚会中，大姐为谭女士介绍了他们自己的"基督"——"全能神"，并称这次是"全能神"最后一次工作；只有信奉"全能神"

第三章　邪教的危害

的人才能得到保佑，在末日灾难中得以幸免。

过了几个月，这位大姐又找到谭女士，她要求谭女士辞掉现在的工作，专心"尽本分满足神"。怎么"尽本分满足神"呢？首先，必须辞掉工作全心全意为"全能神"服务；其次，要积极发动身边的人，向他们传递"神的福音"。

谭女士辞掉工作后，也开始积极发动身边的人参加"全能神"组织，但效果并不理想，没有人肯相信她说的话。没能"尽好本分"的谭女士十分焦急，她害怕灾难降临时得不到"神"的拯救，只得去找大姐出主意。

▲ 危害经济发展

很快,大姐便为谭女士找到了获得"神"拯救的新方法。大姐安排谭女士和另一个女人一起为"全能神"尽一些"特殊的本分",但这个"特殊的本分"不能对别人说,在"尽本分"之前还要签一份保证书。用大姐的话来说,这是很特别的本分,是"神"的高抬,连教会的小头目都不知道,所以谭女士一定要珍惜这个机会。

在签署保证书时,大姐对谭女士说了这个"特殊的本分"的内容,她需要坐火车去全国各个城市收"奉献金",收上来的钱不能贪、不能用、不能丢;如果出了问题,"神"会诅咒谭女士被车撞死。在签署保证书后,谭女士便和另一个女人开始了全国各地的行程。

"全能神"的教义中说,为"神"工作,不能追求那些肤浅的东西,要放弃所有的物质享受,所以谭女士在外出期间每月只能从教会领到 50 元钱(2005 年)。这点钱连每天的吃穿用度都不够,而谭女士自己的钱又全都奉献给了她所信奉的"神"。

经过 4 年的异地漂泊后,谭女士成功完成了这个"特殊的本分",她为自己信奉的"神"收取了 3000 万元的"奉献金"。这些"奉献金"被组织其他成员拿走,具体被用来做什么，谭女士没有问，也不敢问。

4年的漂泊生活，让谭女士十分想念亲人，但在外地期间，她每天的餐食尚无着落，更不要说花钱买回家的车票了。而在谭女士离开家的这4年，她的父母和家人也一直在寻找她，一家人耗尽钱财也没能获得半点谭女士的音信。

在为"全能神"尽完"特殊的本分"后，谭女士回到了自己的老家。走之前还有模有样的房子，现在已经变得破落不堪；老人无力抚养孩子，只得将谭女士的女儿和儿子寄养在别人家；丈夫身患重病，始终没有得到有效医治；原本还算幸福的一家人，在这几年时间里经历了无尽的苦痛，而这一切都是那个"全能神"害的。

与谭女士有着相同经历的人不在少数，他们辞掉了原来的工作，失去了正常的生活，奉献了所有的钱财，到最后，留给他们的不是"神"的拯救，而是残酷的现实。用谭女士的话来说，自己为"全能神"收取了3000万元的"奉献金"，满足了"全能神"的贪欲，但她的家人却没有得到保佑，没有过上安稳的日子，反而承受了本不该承受的苦难，这一切都是"全能神"造成的。

受到"全能神"等邪教组织欺骗的人，多会被骗得倾家荡产，很多人都丢掉了工作；原本大好的前程尽毁不说，也不利于社会经济的发展。邪教组织在危害每一个个体的同时，也危害着整个社会经济的发展。

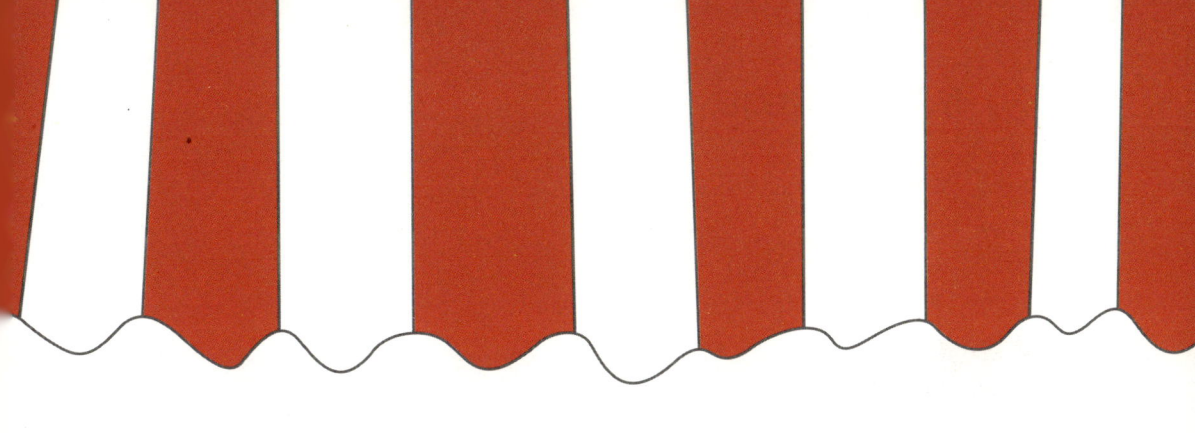

第四章
辨清邪教

青少年反邪教知识

第一节 如何判断家人是否误信邪教

假冒宗教名义的邪教组织多具有迷惑性，无论是在教规教义上，还是在具体活动上，邪教组织都可能会模仿宗教，这为判定家人是否误信邪教带来了较大的困难。但只要细心分析，并多与家人沟通，便能从家人的行为举止和只言片语中，查找到一些蛛丝马迹。

"说实话，当时真不知道他们宣扬的是假佛法，那时自己也是不懂，就相信了。"很多走出邪教组织阴影的信徒，都曾说过类似的话。邪教组织总是会编造一些听上去与宗教理念略有相似的邪教言论，并用这些歪理邪说来诱骗大众加入其中。一旦招募到信徒，邪教组织便会施以精神控制和身体控制，防止信徒脱离掌控。

邪教组织就像一个无底的旋涡，人一旦陷入其中，便很难靠自己的力量再挣脱出来；在旋涡中停留的时间

第四章 辨清邪教

越长,也就会陷得越深。因此,越早发现就越容易将误入邪教的信徒拯救出来。而想要做到这点,我们就要学会辨清邪教及他人误信邪教之后的表现。

在前面的章节中,我们介绍了邪教组织的一些基本特征,比如邪教组织会采取各种手段敛骗钱财,并对信徒进行精神控制;它们有着严密的组织结构,开展的活动也多是隐蔽的……通过这些特征,我们便可以判断某个组织是否是邪教组织。而在通过基本特征判断之外,我们还可以通过一些其他方法去辨清邪教。

在区分正统宗教和邪教时,有三个基本判断点:第一个判断点是,那些把还活在世上的教主称为神、上帝、佛祖或其"唯一传人"的,一般都是邪教;第二个判断点是,那些从正宗的宗教典籍中摘取只言片语、胡拼乱凑,同时又攻击、贬低和歪曲宗教的,一般都是邪教;第三个判断点是,那些宣扬末日、灾难理论,并收取财物的,一般都是邪教。

如果这三个判断点的内容在同一个组织中出现,那这个组织就极有可能是邪教组织。但如果一个组织只满足上面一个或两个判断点的内容,那我们就要结合邪教组织的特征对其做进一步判断,从而更准确地确定其组织性质。

如果我们自己没有接触邪教组织,但家人可能接触了邪教组织时,我们也可以通过他们的行为举止来判断其是否误信、误入了邪教。一般来说,当家人有以下表现时,我们就要提高警惕了。

1. 神神秘秘,宣称读书无用、劳动无用

当原本正常的家人,突然变得神神秘秘,总是念叨一些神灵降世、灵修救命的话时,我们便要提高警惕,因为这时候的家人很可能接触到了一些邪教组织的思想。

> 发现家人有异常情况时,一定要仔细询问其近期的经历,并根据他们的言语、行为来判断其是否误信了邪教组织的歪理邪说。

邪教组织所宣扬的歪理邪说多具有一些神秘色彩,如"不药而愈""天降神迹"等,都是一些毫无科学依据的假话。在面对学生时,他们会编造"学生信了教,不学也能好""读书没有用,吃喝才有意义";而在面对

成年人时,他们则会编造"劳动没有用,为教主尽本分才能得庇佑""信则得神灵庇佑,不信则灾难降临"。这种"看人下菜碟"的骗术很容易侵蚀听者的大脑,进而影响他们的思维和判断。

单纯地认为读书无用、劳动无用,可能是个人遭遇挫折或自身惰性所致;但如果转而依靠打坐、练功等方式来逃避读书和劳动,那就很可能是受到了邪教组织的蛊惑。当家人出现这种情况时,我们一定要第一时间发动其他家人对其进行帮助和劝说。

2. 将宿命论和世界末日论挂在嘴边

每个人的命运都掌握在自己手中,但当人们遇到挫折和挑战时,这种理念就会有所动摇。邪教组织正是利用这点乘虚而入,在人们遇到挫折时,向其灌输"人的命运掌握在神(或教主)的手中"的观点。一旦家人出现将所有问题都归结于神(或教主)时,我们便要提高警惕。

除了"宿命论",邪教组织还擅长用"灾难论""末日论"来制造恐慌,诱骗信徒入教。瘟疫、地震、海啸……这些自然灾害并不以人的意志为转移,人类可以通过各种手段预防自然灾害的发生,却不能完全掌控这

青少年反邪教知识

些自然灾害,这正是人类会对灾难产生畏惧的原因。邪教组织恰恰利用了人类的这种心理,才会选择利用灾难和末日制造恐慌。

一旦发现家人将"世界末日"挂在嘴边,并不时念叨着"神掌握着我们的命运"之类的话,那我们就要及时与家人进行沟通,搞清楚事情的来龙去脉,并及时对家人进行帮助和劝导。

▲ 判断是否误信邪教

3. 行动诡异，行为反常

正常的宗教有合法的活动场所，但邪教组织的活动多是比较隐蔽的，除了选择隐蔽的活动地点，在设计具体活动时，邪教组织也会"下一番功夫"。从那些已经被揭露的邪教组织的活动来看，邪教组织曾策划过心理咨询、夏令营、假期兼职等活动，明面上是正常活动，背地里却在干着邪恶勾当。

如果家人参加这类"正常活动"时，前往了不为人知的场所，而且还不想告诉我们具体的活动内容是什么，那我们就要提高警惕。如果发现家人在外出活动时，不带手机，偷偷摸摸，并用谎话美化其参加的活动，那我们就有必要在确保自身安全的情况下，陪着家人一起去"一探究竟"。

除了行动诡异外，误入、误信邪教组织的家人，还可能会出现反常的行为。比如，原本幸福和睦的家庭关系，突然降至冰点；原本素不相识的人，却成了家人的亲密好友；原本爱好广泛的家人，却突然间封闭自我，只把"修炼"当作自己人生最大的使命。这些不寻常的行为背后，都可能有邪教组织的身影。他们会要求信徒拉拢家人加入组织；如果拉拢失败，就会要求信徒与家人保持距离，因为不肯加入组织的人都是"邪灵"。

如果发现家人有这些反常的行为，除了要与家人及时沟通外，我们还有必要采取措施限制家人的行动。此时的家人已经掉入了邪教组织的旋涡，依靠他们自己是很难挣脱的；如果再任由其"自由活动"，很可能会让他们越陷越深。必要时，我们还要寻求社区、民警和有关部门的帮助，从源头上根除邪教组织。

第四章　辨清邪教

第二节　看清"教主"的真面目

在辨别邪教组织时，从教主入手是一个不错的尝试。如果这个组织的教主是一个欺世盗名、招摇撞骗的人，那这个组织即使不是邪教组织，也不会是什么好的组织。及早远离邪教组织，才能防止自己受到侵害。

从诸多邪教组织的案例中可以看出，邪教组织的教主多宣称自己有神通：有的能隔空取物，有的能施法治病，有的能空中停留……但宣传归宣传，实际上，教主的这些"神通"，就连邪教组织的骨干成员都没有见过。

邪教组织"法轮功"的教主李洪志便谎称自己拥有"搬运、定物、思维控制、隐身"等"神通"，但实际上他却从来没有在任何场合向信徒展示过这些"神通"。其中的原因很简单，他根本就没有什么"神通"。

像李洪志这种完全靠口头吹嘘具有"神通"的教主

青少年反邪教知识

很容易被人戳破,所以在李洪志之后,其他邪教组织的教主便很少再用这种"一拆就穿"的招式哄骗信徒。有些邪教组织的教主会特意学习一些魔术,然后将其宣称为自己的"神通",去哄骗那些较少接触到科学知识的大众。

比如,有的邪教组织的教主宣称自己能够用意念弄弯勺子,而且还曾当众演示过很多次。关于这一"神通",一些反伪科学的人士曾进行过揭露。其实,这只是一个非常简单的小魔术,表演者在用意念"催动"勺子弯曲的过程中,发力的一直是自己的双手,只不过观看者并没有注意到表演者发力的手指而已。

不只是用意念弄弯勺子,任何没有科学理论依据的"特异功能"都是值得怀疑的;而那些以"特异功能"为噱头宣传自己与众不同的邪教教主,更是不值得相信。

邪教组织"主神教"的教主刘家国,小学四年级便辍学在家,不务正业,到处招摇撞骗。因为学过一些江湖杂耍,还懂得一些药物的用法,他便打着"信主神能治病、保平安"的幌子,大肆宣扬邪教思想。相信他的人,他便施与一点治小病的药;不相信他的人,他便下

第四章　辨清邪教

药去暗害他们。正是凭借这种手法，刘家国拉拢了一些没有文化知识的信徒，并逐渐扩大了邪教组织的规模。

除了吹嘘自己有"神通"，还有一些邪教组织的教主会通过催眠和洗脑的方式，让信徒接受他们的观点。这种手法比吹嘘"神通"更为隐蔽，因为不会立刻看到效果，所以也不容易被拆穿。信徒一旦真的全身心去修炼某种"功法"后，他自己也很难察觉出其中的异样，因为这时他可能已经进入了催眠状态。

催眠状态是一种半睡半醒的意识恍惚状态，当一个人的注意力长时间高度集中在某一事物上，或是长时间反复单调地受到外界事物的刺激，那他便很容易进入催眠状态。进入催眠状态的人，只会对自己关注的事物表现得很兴奋，对于其他事物则会漠不关心。处于催眠状态的人还很容易出现幻觉；如果长时间处于幻觉中，其个人意识和精神便会受到损害，很难再回到清醒状态。

正常的医学催眠因为是在催眠师的引导下进行的，整个过程都会很安全；催眠师会引导被催眠者进入状态和脱离状态。但邪教组织的教主却不会做这些，他只会要求信徒每天多练功法、多念经文、多听录音，如此一来，邪教组织的歪理邪说便会长时间反复单调地对信徒

青少年反邪教知识

产生刺激,信徒的大脑皮质便会接受那些"圆满""升天""消业""除魔"的内容,从而进一步增强其对邪教组织的兴趣和信任。

▲ 邪教教主真面目

在一个"法轮功"案例中,一位大学哲学教授最初只是抱着健身治病的想法接触了"法轮功"。在最初听到李洪志的歪理邪说时,他以自己所掌握的唯物主义为武器,抵御着这些歪理邪说的"入侵";但在身边好友的劝说下,他还是打算按照练功要求先练一段时间试试看,如果真能强身健体,倒也不吃亏。但谁能想到,练着练着,原本还坚决反对这些歪理邪说的教授,到最后竟然对这些内容坚信不疑了。很显然，这位教授进入了被催眠状态。

幸运的是，在家人的帮助下，教授很快便重新树立起正确的唯物主义观念，从催眠状态中清醒过来。但并不是所有误入邪教的人都能有教授这样的好运，很多练习邪教"功法"的信徒，最后都出现了精神问题，严重的还失去了生命。

对于邪教组织的教主来说，通过这种方式对信徒进行精神控制，要远比宣称自己有"特异功能"靠谱得多。所有邪教组织的教主都会以"神佛化身"来标榜自己，这样他便可以在信徒中树立威信，让信徒奉献时也更加容易。

邪教组织的教主可以说是"万邪之源"，他们以歪理邪说诱骗信徒、压榨信徒，以信徒的人生为代价，满足自己的私欲。对于大众来说，想要辨清邪教，一定要先看一看这个组织的领导者是什么样的人，不仅要看其言行举止，还要看他的所作所为。只有看穿了他们的"真面目"，才能搞清楚邪教组织的邪恶勾当。

青少年反邪教知识

第三节　明辨邪教的歪理邪说

歪理邪说是邪教组织行骗的主要武器，每个邪教组织都有自己的歪理邪说。明辨这些歪理邪说，对于辨清邪教会有很大帮助。

邪教组织想要发展壮大，必须不断拉拢信徒加入。强行在大街上拉人太过招摇，自然是不行的；在媒体上做推广宣传，不仅费钱，还可能会暴露。思来想去，那些邪教组织的教主就只能通过编造歪理邪说，发动初始信徒去传播，来不断扩大组织的规模。

在前面的章节中，我们介绍了那些容易被邪教组织诱骗、侵害的群体，邪教组织在编造歪理邪说时，也正是分析了这些群体的特征和心理，才编造出了能够诱骗其相信他们的歪理邪说。这有点像医生常说的"对症下药"，只不过邪教组织的教主为信徒下的是"迷幻药""迷魂药"，而不是"治病救命"的药。

第四章　辨清邪教

通过分析那些已经被查处的邪教组织的案例可以发现，邪教组织所编造的歪理邪说虽然具体内容各不相同，但其基本含义却没有太大区别。总体而言，主要表现在以下几个方面。

1. 多奉献得庇佑

这几乎是所有邪教组织都会使用的歪理邪说，只不过不同的邪教组织对这种奉献的称谓有所不同。有的组织将其称为"奉献金"，有的组织将其称为"慈惠款"；但无论这种奉献的称谓怎么变，这笔钱最后都要从信徒身上出。

邪教组织"全能神"通过"世界末日"的言论，恐吓、诱骗信徒，声称只有"多奉献"，才能得到更多的"恩典"；奉献的钱财越多，从"神"那里得到的庇佑就越多。事实上，那些信奉"全能神"的信徒，在奉献了所有钱财后，也没能得到"神"的庇佑，更有人因此而丧命。

2. 加入组织能治病

这种歪理邪说主要抓住了那些久病不愈、有病没钱医治的人的心理，通过"练功能治病""信教得健康"等口号，来诱骗、控制信徒。邪教组织并不会给出用神功来治病的具体方法，只会一味地让信徒"练功修法"；病好了自然是功法的疗效，病不好就是信徒的心不诚。无论出现什么结果，都不会影响邪教组织宣扬的加入组织"能治病"的这种歪理。

▲ 邪教歪理

邪教组织"法轮功"利用"业力说"来欺骗信徒，称加入组织练功便可"消业"，"消业"便能消灾祛病；邪教组织"门徒会"宣称人之所以会患疾病，是因为犯"罪"带来的报应，就医是没办法赶走报应的，只有入教祷告，才能消灾祛病。事实上，许多信徒都因为沉迷"练功""祷告"，而耽误了治病的最佳时机，白白失去了生命。

3. 不劳而获有饭吃

这种歪理邪说主要是针对那些好逸恶劳之人，利用他们的懒惰心理，诱骗其入教。在邪教组织中，真正能够做到不劳而获的只有教主本人，他的"不劳而获"完全是靠榨取信徒的"血汗"，这种"不劳而获"是罪恶的、可耻的。教主想要延续自己的"不劳而获"，就要用"不劳而获"的歪理邪说诱骗更多人入教。

邪教组织"门徒会"利用"入会便能得到'三赎基督'的赐福，'不用劳动生产'便能有饭吃"的邪说诱骗信徒入教，还到处宣扬"只要米桶里有二两米，就永远都不会吃完"的歪理，拉拢更多信徒加入组织。实际上，沉迷于"神"的赐福，依靠"二两粮"维生的信徒们，要么饿得面黄肌瘦，要么早早就不治而亡了。

除了这些较为常见的歪理邪说，一些邪教组织的教主还会编造一些常人所无法理解的"奇怪理论"。这些"奇怪理论"并没有什么科学道理，只不过是邪教组织的教主故意将其解释得高深莫测，以此作为唬人

青少年反邪教知识

的工具。

邪教组织"日月气功"的教主温金路，独创了一种"日月神功"。这种"神功"修炼起来很简单，只需要双腿盘坐，双手放在双膝上，同时口中默念"心要慈，心要善，去邪恶，心不贪"。这种功法练起来对身体似乎并没什么坏处，但用温大师（在邪教组织中温金路自称为"大师"）的话来说，想要练好此"功法"，还要结合一定的理论才行。

这些理论自然也是温金路自己所创，在最初拉拢信徒时，他还没想好这套理论，后来他才系统编造了"解信号"这套理论：

信号统领来管辖，内心世界大冲刷。……
掌握信号威力大，取得成功不会差。

可以看出，温金路在编造这套理论时，还颇下了一番功夫，每句话对仗还算工整，但这每句话的意思就不那么好理解了。用温金路的话来说，信号就是信息在人体中的反映，如果人身体的哪个部位出现了问题，那就说明这里存在"信号制约"；只有根据自己（温金路）

第四章　辨清邪教

的指示去行动，才能解开"信号制约"。

温金路的理论听上去似乎隐藏着什么玄妙的道理，但只要仔细研究他的理论就会发现，这套"解信号"理论除了读着还算顺口外，其他方面简直一无是处，毫无逻辑和科学道理可言。但对于那些缺乏科学分析和逻辑思维能力的信徒来说，正是这种"看似高深"的理论诱骗了他们。利用这套理论，温金路大肆敛财，并强迫女信徒为其提供性服务，做了许多违法犯罪之事。

天网恢恢，疏而不漏，在法律的光辉下，任何歪理邪说都无所遁形。在有关部门的缜密排查下，以温金路为首的邪教组织最终被一网打尽。这次温金路的玄妙理论，并没有"赐福"于他。

明辨邪教组织的歪理邪说，是辨清邪教的重要方法。在日常生活中，如果遇到有人散播反科学的歪理邪说，一定不要轻易相信，即使这些歪理邪说并非邪教思想，了解这些内容对我们也没有什么好处。

青少年反邪教知识

第四节 揭开邪教组织的伪装

邪教组织想要达到诱骗信徒入教的目的，必须用一些伪装掩盖自身的邪教本质。假冒宗教名义是邪教组织最常选择的伪装；除此之外，气功、科学、社团组织也会成为邪教组织惯常假借的名义。

邪教组织的教主深知自己从事的是违法犯罪活动，为了逃脱法律的制裁，他们需要为自己找到一个即便不那么冠冕堂皇，也要算得上正常的"伪装"。从另一方面来讲，这种"伪装"还可以帮助邪教组织拉拢信徒，可以说是每个邪教组织都必备的基础条件。当然，在辨清邪教时，如果我们能够成功揭下这层"伪装"，那邪教组织的本质也就暴露无遗了。

从全球范围来看，邪教组织利用各种"伪装"开展邪教活动的案例数不胜数。很多信徒误入邪教后，甚至不知道自己已经深处邪教的旋涡中，他们仍然以为自己参加的是正常的宗教活动。从各个国家所披露的邪教活动案例来看，邪教组织常用的伪装主要有以下几种。

1. 伪装成宗教

伪装成宗教是邪教组织最为常用的骗人伎俩。由于许多邪教组织的教规教义都是从正统宗教中断章取义地胡拼乱凑而来，所以伪装成宗教是最容易唬人的一种方式。

曾经在我国境内出现的"门徒会""全能神"都是假冒宗教名义的邪教组织，他们通过剽窃、截取、歪曲宗教教义，编撰出许多邪教思想的书籍，并以此作为其传教的基础。我国始终坚持宗教信仰自由政策，公民有信仰宗教和不信仰宗教的自由，国家也会保护一切在宪法、法律和政策范围内的正常的宗教活动。许多邪教组织正是看中了国家政策对宗教的保护，才会选择假冒宗教名义来掩盖自己的邪恶本质。

宗教与邪教是有本质区别的，这点在前面的章节中曾详细介绍过。那些搞不清宗教和邪教区别的人，可以及时求助社区或有关部门，了解自己所接触的组织是不是国家认可的正规宗教，以免误入歧途。

2. 伪装成气功

20世纪80年代，我国曾掀起一股气功热潮，一些邪教组织见此情景，纷纷以气功作为伪装，私下开展邪教组织活动，造成了较为恶劣的社会影响。

"法轮功""日月神功"就是以气功作为伪装的邪教组织，其所传授的功法并非我国传统的气功功法，而是邪教组织头目自己编造的伪气功功法。那些不了解气功知识的大众，出于强身健体的需要，便会误入这类邪教组织中。

气功作为一种传统的保健、养生、祛病的方法，在我国古代的儒学、医学典籍中有大量记载。随着科学技术的发展，我们已经能用一些现代的科学知识，解释和认识传统的气功功法。与那些由邪教组织所创的伪气功相比，传统的气功背后有科学理论的支持，而伪气功的背后就只有歪理邪说。

3. 伪装成科学

伪装成科学是近年来邪教组织较常使用的伪装手法。国外的许多邪教组织都会打着科学的旗号，拉拢社会名流入教，从而壮大自己的声势。很多社会名流的科学知识水平，甚至还比不上大众，但他们的影响力却是大众所无法匹敌的；某个社会名流加入邪教组织中，这个邪教组织瞬间就会多出几万、几十万，甚至百万之多的拥趸。

"科学教派"就是典型的打着科学的旗号，从事违法犯罪活动的邪教组织。20世纪50年代，美国的精神科学发展迅速，全国各地涌现出一批精神发展中心。借助这一契机，拉斐特·罗纳德·哈伯德在华盛顿创立了"科学教派"。

哈伯德将许多精神学家的理论加以歪曲、挪用，发明了一套通灵术，作为"科学教派"的基础理论。他将人的心分为反应心和分析心，分析心是积极的理智的；反应心则储存着痛苦记忆，即恶积。用哈伯德的理论来说，想要清除恶积，就必须使用通灵术，让人达到"净化"的状态。

哈伯德将自己的邪说伪装成科学后，便大肆拉拢信徒入教。他的歪理邪说为想要从战争阴影中摆脱出来的人带来了希望，但实际上，哈伯德真正想要的，是用这套理论为自己骗取更多的钱财。对于那些将"科学教派"当作科学组织的人来说，等待他们的不是精神的解放,而是身心的摧残。

4. 伪装成社团组织

近年来,邪教组织伪装成社团组织,以社团活动为名从事邪教活动的事例屡见不鲜。一些国家对于这类"社团活动"的放纵,也在一定程度上纵容了邪教组织的发展。出于不同的目的,邪教组织通常会伪装成培训班、舞蹈团、冬夏令营、养生馆等社团组织,诱骗目标信徒入教,并伺机传播邪教思想。

▲ 伪装成科学

第四章 辨清邪教

寒暑假时，为了提升孩子的社会实践能力，很多家长都会为孩子报名冬夏令营。一些邪教组织正是利用家长的这种心理，伪装成冬夏令营，开展邪教活动。"全范围教会""全能神""血水圣灵"等邪教组织都曾通过举办冬夏令营，诱骗少年儿童。那些参加过邪教组织活动的少年儿童，不仅精神萎靡，而且还非常抵触家人和民警；如果不是有关部门及早介入，这些孩子很有可能成为邪教组织的牺牲品。

除了冬夏令营外，一些邪教组织还会伪装成补习班、培训班，宣称能够帮助孩子提升"播音能力""社交能力""阅读能力"等。一些疏忽大意的家长出于不想让孩子输在起跑线上的考虑，不加选择地让孩子参加各种培训班，这在很大程度上给了邪教组织以可乘之机。

招收暑期工、兼职工也是邪教组织常会用到的一种伪装。那些"以商养邪"的邪教组织常会发布各种招收暑期工、兼职工的招聘启事，专门诱骗那些涉世未深的大学生。当大学生们抱着打工赚钱的心理来面试时，邪教组织便会以岗前培训等方式，向大学生群体灌输邪教思想。

青少年反邪教知识

  在进行伪装这方面，邪教组织可谓无所不用其极，凡是能够为他们所用的"外衣"，都可能成为他们从事邪教活动的伪装。在辨清邪教的过程中，我们还是应该从邪教的基本特征出发，去辨别各种组织，因为并不是所有的培训班都是邪教组织。但如果某个培训班具有邪教组织的一些特征，那我们就要提高警惕。

第四章 辨清邪教

第五节 秘密活动要警惕

与合法宗教在法定场所开展活动不同，邪教组织的活动通常是比较隐蔽的，一些邪教组织为了掩盖其邪恶本质，会以正当活动名义作为掩护，或在某个信徒提供的场所私自聚会。对于此类秘密活动，我们需要始终保持警惕。

秘密聚会是邪教组织传播邪教思想的重要方式。想要拉拢并稳固入教的信徒，邪教组织就必须不时组织一些活动，向信徒传播邪教思想。

邪教组织的教主很清楚，自己传播邪教思想的行为是违法的，所以在开展邪教活动时，总会利用一些伪装让活动表面显得正规；如果找不到伪装，就只能将活动放在秘密场所进行。

一些规模较大、资金充足的邪教组织，会通过包场正规娱乐场所的方式，供信徒开展邪教活动。比如，邪

青少年反邪教知识

教组织"观音法门"曾通过土地产权交易，获得了某游乐园的使用权，将这里变成了信徒"打坐""修道"的场所。直到一起园区安全事故曝光，大众才通过新闻媒体知道这里竟然是邪教组织活动的场所。

邪教组织"法轮功"在美国修建了龙泉寺，作为信徒开展邪教活动的总部；邪教组织"全能神"则通过在韩国大量购买农舍、耕地和林场等，为信徒开展邪教活动提供场所。相较于这些拥有充足资金，有专门封闭场所开展秘密邪教活动的组织，更多的邪教组织还是会选择秘密聚集在信徒家中开展邪教活动。

20世纪80年代出现的"主神教"在开展聚会活动时，便会选择在"接待家庭"中进行。所谓的"接待家庭"就是邪教组织中某位信徒的家。想要成为"接待家庭"，必须家中无人反对信教，最好是全家人都信教，并且邻里关系处得比较好。这样的家庭就是最为理想的"接待家庭"。

符合"接待家庭"条件的信徒要主动上报教会进行考察；考察通过后，信徒一家便可获得"接待家庭"这一荣誉（主神教将"接待家庭"称为"诺亚方舟"的一部分，可以在世界末日逃避灾难）。对于那些经济条件不太好的"接待家庭",教会还会适当为其提供一些补贴。

在开展秘密聚会时,信徒们通常会在天黑后来到"接待家庭",下一个天黑后再离开"接待家庭"。这种"天黑进,天黑出"的方式,可以进一步增加邪教活动的隐蔽性。为了预防突发情况,这一邪教组织在聚会时,还会在"接待家庭"周围安排放哨人员,随时观察周围情况。

为了能够更好地增加信徒行动的隐蔽性,"主神教"还定了许多沟通联络和秘密集会的规矩。比如,"主神教"的信徒之间禁止使用电话、电脑等现代化通信工具,外出时也不能携带身份证;被人询问时,只能说自己的"灵名"(信教之后所用的姓名),而不能说真实姓名。

为了顺利筹划和组织秘密活动,"主神教"还建立了严密的组织架构,从最高级别的"教主",到最低级别的"信徒";这之间还有"在上主""省权柄""县权柄""同工""带领人"等几个层级。

在这些层级中,上一层级的管理者可以联系和控制下两个层级的人;教主不会直接联系"县权柄"及以下层级的人，而是通过"在上主"和"省权柄"将命令和指示传达下去。也就是说，"同工"以下级别的人基本上是见不到教主的，很多时候他们甚至都不知道自己所信奉的教主到底是谁。

这样的管理体系对于教主是十分有利的，即使较下层级的信徒从事违法犯罪活动被抓，也不会牵连到教主。在这种严密的组织架构下，教主可以随意发号施令，而不必担心后果，因为真正执行指令、开展活动的人，根本不知道教主才是发号施令的人。

在辨清邪教时，一定要关注其开展活动的形式与内容；如果是在秘密场所举办活动，那我们就要提高警惕，而后再根据具体的活动内容来判断活动的性质。但在这个过程中，一定要注意保护好自己的生命安全，及时向有关部门举报才是最为稳妥的做法。

第五章
抵制邪教

青少年反邪教知识

第一节　依法治邪

邪教组织是危害人民群众身心健康、社会文明进步的毒瘤，同邪教组织做斗争，必须坚持法治思维，自觉将法律作为处理各种邪教问题的准则。

法律是保护社会秩序稳定和人民生命财产安全的护盾；在法治社会中，是没有邪教组织的立锥之地的。依法治邪是我国治理邪教的具体方针，是由依法治国基本方略所决定的，主要依据具体的法律、法条来实行。

1999年10月30日，《关于取缔邪教组织、防范和惩治邪教活动的决定》颁布，其中提到了四点取缔邪教组织、防范和严惩邪教活动的决定：

一是坚决依法取缔邪教组织，严厉惩治邪教组织的各种犯罪活动；

> 依法治邪不仅需要政府部门加大查处力度，还需要每一个公民都自觉遵守并运用相关法律条文，为惩治邪教献出自己的一份力量。

二是坚持教育与惩罚相结合，团结、教育绝大多数被蒙骗的群众，依法严惩极少数犯罪分子；

三是在全体公民中深入持久地开展宪法和法律的宣传教育，普及科学文化知识；

四是防范和惩治邪教活动，要动员和组织全社会的力量，进行综合治理。

这一法律规定作为我国针对邪教问题的重要单行法律，是我国反邪教的核心法律。在这一法律之外，我国的其他法律规定中，也对依法惩治邪教组织做出了规定。

早在1997年，邪教犯罪便被列入《刑法》中，1999年、2001年我国又相继颁布了两个针对邪教犯罪的司法解释。2015年，《刑法修正案（九）》又提高了针对邪教组织的刑罚档次，增设了致人重伤的入罪情形。到了2017年,《最高人民法院、最高人民检察院关于办理组织、利用邪教组织破坏法律实施等刑事案件适用法律若干问题的解释》(以下简称《司法解释》)自当年2月1日开始施行,此前的两个司法解释随之废止。

其中,修改后的《中华人民共和国刑法》(以下简称《刑法》)第三百条规定:组织和利用会道门、邪教组织或者利用迷信破坏国家法律、行政法规实施的,处三年以上七年以下有期徒刑;情节特别严重的,处七年以上有期徒刑。组织和利用会道门、邪教组织或者利用迷信蒙骗他人,致人死亡的,依照前款的规定处罚。组织和利用会道门、邪教组织或者利用迷信奸淫妇女、诈骗财物的,分别依照本法第二百三十六条、第二百六十六条的规定定罪处罚。

在《刑法》之外,《中华人民共和国治安管理处罚法》(以下简称《治安管理处罚法》)也对惩治邪教组织活动做出了规定。《治安管理处罚法》第二十七条规定:有下列行为之一的,处十日以上十五日以下拘留,可以并处一千元以下罚款;情节较轻的,处五日以上十日以下拘留,可以并处五百元以下罚款:(一)组织、教唆、胁迫、诱骗、煽动他人从事邪教、会道门活动或者利用

第五章 抵制邪教

▲ 依法治邪

邪教、会道门、迷信活动,扰乱社会秩序、损害他人身体健康的;(二)冒用宗教、气功名义进行扰乱社会秩序、损害他人身体健康活动的。

对于邪教组织出版、制作、传播邪教、迷信内容,我国的一些行政法规也有相关规定。《中华人民共和国电信条例》第五十七条规定:任何组织或者个人不得利用电信网络制作、复制、发布、传播破坏国家宗教政策，宣扬邪教和封建迷信内容的信息。《出版管理条例》第二十五条也规定：任何出版物不得含有宣扬邪教、迷信的内容。《互联网上网服务营业场所管理条例》第十四条则规定：互联网上网服务营业场所经营单位和上网消费者不得利用互联网上网服务营业场所制作、下载、复制、查阅、发布、传播或者以其他方式使用含有破坏国家宗教政策，宣扬邪教、迷信内容的信息。

  随着我国经济社会的发展，邪教组织活动也呈现出新的特征，这也为治理邪教组织活动带来了一定困难。为了更好地认定、打击邪教组织，我国有关部门也对原有的针对邪教犯罪的法律条文进行了修订，2017年施行的《司法解释》正是在这一背景下出台的。

  其中，《司法解释》第一条将原有的"神化首要分子"这一认定邪教组织的条件，改成了"神化、鼓吹首要分子"，这是依据当前反邪教实践得出的正确结论。相较于20世纪末出现的邪教组织，当下的邪教组织更懂得包装，为了逃避法律的制裁，往往会刻意淡化神化色彩。在这种形势下，将"鼓吹首要分子"纳入打击范围，可以更好地打击邪教组织。

  《司法解释》的第二、三、四条主要规定了情节严重、情节特别严重、情节较轻三档刑罚标准，在每一档刑罚标准下，还有更为细分的定罪量刑标准。将邪教组织犯罪的入罪情形规定得详细一些，可以让司法机关更好地应用法律法规，准确把握定罪处罚标准，公平公正地处理案件。

此外，《司法解释》第八条和第九条还规定了"从重处罚""从轻处罚""减轻处罚""不做犯罪处理"4种情形，为不同种类的行为设定了不同的刑罚规则。从一方面来说，这些规定体现了法律的警示、教育作用，对社会影响不大的邪教组织主要以挽救教育为主，有利于改善社会风气。从另一方面来讲，这些规定也体现了刑法的谦抑性原则，如果能以教育挽救方式消除危害，便不必动用刑事处罚。

在依法打击邪教的过程中，法律规定得越明确，其条文就越容易得到切实施行。只有不断完善针对邪教犯罪的法律规范，才能为依法打击邪教提供重要保障。

青少年反邪教知识

第二节 举报散发邪教宣传资料的行为

遇到邪教组织成员散发宣传资料，不仅要做到不信、不看、不传，还要及时报告、及时举报。面对邪教组织成员的宣传诱骗，一定要提高警惕，以智取胜。

散发邪教宣传资料是邪教传播的主要形式，通过传播各种书籍、光盘、音频资料，邪教组织不断用其邪恶思想侵蚀大众的心灵。20世纪80年代到20世纪末兴起的邪教组织，多是依靠散发邪教宣传资料来扩大组织规模。近年来，一些邪教组织为了避免受到法律的制裁，停止了大规模散发宣传资料的活动，取而代之的是利用互联网等新媒体传播邪教思想。

对于散布、宣传邪教组织思想的违法犯罪行为，我国法律有着明确的定罪量刑标准，《司法解释》中详细解释了其中的各种情形。

《司法解释》第二条规定：组织、利用邪教组织，破坏国家法律、行政法规实施，具有下列情形之一的，应当依照刑法第三百条第一款的规定，处三年以上七年以下有期徒刑，并处罚金：

（十一）制作、传播邪教宣传品，达到下列数量标准之一的：1.传单、喷图、图片、标语、报纸一千份（张）以上的；2.书籍、刊物二百五十册以上的；3.录音带、录像带等音像制品二百五十盒（张）以上的；4.标识、标志物二百五十件以上的；5.光盘、U盘、储存卡、移动硬盘等移动存储介质一百个以上的；6.横幅、条幅五十条（个）以上的。

（十二）利用通信信息网络宣扬邪教，具有下列情形之一的：1.制作、传播宣扬邪教的电子图片、文章二百张（篇）以上，电子书籍、刊物、音视频五十册（个）以上，或者电子文档五百万字符以上、电子音视频二百五十分钟以上的；2.编发信息、拨打电话一千条（次）以上的；3.利用在线人数累计达到一千以上的聊天室，或者利用群组成员、关注人员等账号数累计一千以上的通信群组、微信、微博等社交网络宣扬邪教的；4.邪教信息实际被点击、浏览数达到五千次以上的。

青少年反邪教知识

　　《司法解释》第五条规定：为了传播而持有、携带，或者传播过程中被当场查获，邪教宣传品数量达到本解释第二条至第四条规定的有关标准的，按照下列情形分别处理：（一）邪教宣传品是行为人制作的，以犯罪既遂处理；（二）邪教宣传品不是行为人制作，尚未传播的，以犯罪预备处理；（三）邪教宣传品不是行为人制作，传播过程中被查获的，以犯罪未遂处理；（四）邪教宣传品不是行为人制作，部分已经传播出去的，以犯罪既遂处理，对于没有传播的部分，可以在量刑时酌情考虑。

　　对于大众来说，邪教思想是精神毒药，它会慢慢侵蚀人的心灵，污染人的思想。想要抵制邪教思想的侵蚀，大众需要切断邪教思想的传播途径，从源头根除邪教思想对自己的危害。要想做到这点，就需要大众自觉抵制并举报散发邪教宣传资料的行为。

　　从《司法解释》的法条规定可以看出，邪教组织的宣传资料有多种不同类型，像是宣传单、书刊、录音带/录像带、光盘/U盘/移动硬盘、条幅等。在具体的宣传途径上，也有多种不同情况，有的邪教组织会直接散发宣传单和宣传册，有的邪教组织则会通过网络传播带有邪教思想的图片和视频。

第五章 抵制邪教

遇到有人散发邪教宣传资料,要在确保自身安全的情况下,及时向有关部门举报。

无论是以何种形式散布邪教宣传资料,都是一种违法犯罪行为;遇到这类行为,每个人都有揭发举报的义务。但当这种行为发生在自己眼前时,盲目举报并不是一种好办法,不仅可能会惊动邪教组织成员,还可能会对自己的生命安全造成威胁。所以,在遇到这种情况时,最好在深思熟虑后,谨慎采取行动。

首先,发现邪教宣传资料,要不信、不传、不宣扬。一旦识别宣传资料的内容涉及邪教思想,我们便应该立即停止观看,这是因为邪教思想往往具有一定的迷惑性,会影响人的思考和判断。很多邪教信徒正是长时间观看、收听邪教思想内容,才误入邪教组织,遭到精神控制的。

其次,发现有人散发邪教宣传资料,要找时机举报。如果发现有人在大庭广众之下,向其他人散发邪教

青少年反邪教知识

宣传资料，我们应立即制止其行为，但这种当面戳穿邪教宣传活动的行为，可能会对我们青少年的个人生命安全造成一定的威胁，所以应该多加小心。更为稳妥的做法是在不惊动邪教组织成员的情况下，确保自己安全，并找机会向社区、居委会或公安机关举报，让专业人士来解决这一问题。

最后，发现有人散发邪教宣传资料，应收缴宣传资料并留下相关证据。但我们青少年首先要保证自己安全，不要轻易盲动。在有关部门的相关人员到来之前，我们应该在确保自身安全的情况下，防止这些资料在更广的范围内传播，降低其对社会造成的负面影响。除此之外，我们还要记住邪教组织成员的体貌特征，可以在确保不被对方发现的情况下，悄悄拍摄下对方散发邪教宣传资料的过程，以备向公安机关举报。需要注意的是，在没有安全保障的情况下，千万不要私自或几个小朋友对散发邪教宣传资料的人员进行抓捕，以免造成不必要的伤亡。

总的来说，对于青少年而言，面对散发邪教宣传资料的行为，不信、不传、不宣扬是最为基本的义务。在能够确保自身安全的情况下，制止并举报这种违法犯罪

第五章 抵制邪教

行为，则是每个成年人都应该做到的事情。反邪工作并不能只依靠有关部门的强制力来推动，还需要每个社会成员共同努力才行，青少年也要提高警惕，在确保自己安全的前提下，以实际行动抵制邪教。

青少年反邪教知识

第三节 有邪教内容的人民币如何处理

在散布、宣传邪教思想时，邪教组织通常会利用人民币的流通性特征，将邪教思想涂印在人民币上。面对这种隐蔽的违法犯罪活动，大众要自觉加以抵制。

为了更为广泛地传播邪教思想，邪教组织会以人民币为载体，在人民币上书写、印制邪教思想、反动口号。这些印有邪教思想、反动口号的人民币，通常被称为"反宣币"。

邪教组织的"反宣币"一般具有以下几个特征：

首先，邪教组织的"反宣币"多为面值较小的人民币。邪教组织用来涂印邪教思想、反动口号的人民币虽然面额不等，但多以小面值人民币为主，像一元、五元及十元的人民币；五十元和一百元的人民币虽然也有，但数量非常少。邪教组织之所以会选择小面值人民币，主要是因为小面值人民币的数量较大、成本较低、流通范围更加广泛。

其次,邪教组织"反宣币"的内容多为宣传邪教思想和反党反科学的言论。相比于宣传邪教思想,邪教组织在人民币上印制反动口号的情况要更多一些,这在一定程度上也暴露了其反政府反人民的邪恶野心。

最后,邪教组织"反宣币"上的邪教思想和反动口号,多以印章的方式出现,也有一些是通过手写涂鸦完成。为了逃避有关机关的制裁,邪教组织会选择与人民币颜色相近的油墨涂印邪教思想和反动内容;如果不仔细分辨,很难看到这些内容。

从邪教组织犯罪的角度来讲,在人民币上涂印邪教思想和反动口号,也是一种邪教宣传活动,与前面提到的散布、传播邪教组织宣传资料的行为具有同种性质。

《司法解释》第二条明确规定:以货币为载体宣扬邪教,数量在五百张(枚)以上的,应当依照刑法第三百条第一款的规定,处三年以上七年以下有期徒刑,并处罚金。

而从人民币保护的角度来讲,在人民币上印制邪教思想和反动口号,也是一种违反《中华人民共和国人民币管理条例》（以下简称《人民币管理条例》）的违法行为。《人民币管理条例》第二十七条明确规定：禁止下列损害人民币的行为：（一）故意毁损人民币；（二）制作、仿制、买卖人民币图样；（三）未经中国人民银行批准，在宣传品、出版物或者其他商品上使用人民币图样；（四）中国人民银行规定的其他损害人民币的行为。

为了加强防范和打击邪教组织利用人民币进行反动宣传，中国人民银行专门下发了具体文件，各地方银行也根据自身情况，开展了抵制邪教组织"反宣币"的活动。这些政策文件和具体行动，对于防范和打击邪教组织的宣传活动，具有积极的促进作用，能够在一定程度上阻断邪教组织利用人民币进行反动宣传的图谋。但想要从根本上解决这一问题，还需要大众加入其中才行。

邪教组织的"反宣币"反科学反社会，散播邪教思想，污染社会风气，不利于大众正确思想的养成。但面对邪教组织的"反宣币"，一些群众的举动虽然能阻断邪教思想的传播，但却违反了我国法律的有关规定。大众处理邪教组织"反宣币"的错误做法主要表现在以下几方面。

第五章　抵制邪教

1. 以彼之道，还施彼身

一些群众看到邪教组织在人民币上涂印邪教思想和反动口号，非常愤慨，纷纷拿起手中的笔，在人民币上回击或者涂抹掉邪教组织的反动言论。看得出，这种行为的出发点是好的，但在具体操作上也违反了《人民币管理条例》中对"禁止损害人民币"的相关规定。

2. 撕掉、烧掉"反宣币"

有些群众为了防止邪教组织的"反宣币"继续流通，会选择撕掉、烧掉"反宣币"。这种做法的初衷也是好的，但同样违反了《人民币管理条例》的相关规定。

3. 不能吃亏，继续用

有些群众会抱着不能吃亏的心理，继续使用邪教组织的"反宣币"。虽然他并不认同上面的邪教思想和反动口号，也不想传播这些内容，但这种"听之任之"的行为，只会让邪教思想传播得更为广泛。在这个过程中，这些群众其实无意间成为邪教言论的传播者。

以上三种处理邪教组织"反宣币"的做法，都是错误的。大众在面对邪教组织的"反宣币"时，既要看清邪教组织利用人民币的流通性进行宣传的邪恶用心，也

青少年反邪教知识

要认识到污损、撕毁人民币是严重的违法行为。基于这两方面的考虑,大众应该采取以下几种方式,处置涂印有邪教思想和反动口号的人民币。

1. 拒收带有反动言论的"反宣币"

在商品交易过程中,如果发现涂印有邪教言论的"反宣币",我们可以直接选择拒收,并告知对方可以前往银行兑换可流通的人民币;如果不去银行兑换,有关部门在检查中发现这类人民币,便会直接依法没收。

▲ 正确处理"反宣币"

2. 去银行兑换，阻断流通

想要阻断"反宣币"继续在市场流通，最好的做法就是到银行网点兑换同等面额的人民币。各大银行都有专门兑换残缺人民币的窗口，想要兑换人民币是非常容易的。一些地方的银行还会不定期在各大社区开展"反宣币"兑换咨询活动，如果觉得去银行不方便，也可以在银行设立的"反宣币"兑换点兑换。

3. 立即举报，根除祸源

如果发现有人在人民币上涂印邪教思想和反动口号，或是有人散发邪教组织的"反宣币"，在持有证据的情况下，可以立即报警，彻底根除邪教组织"反宣币"产生的祸源。

总的来说，在面对涂印有邪教思想和反动口号的人民币时，应该做到不用、不传、速举报，这样才能阻断邪教思想的传播，让邪教组织无法继续蔓延下去。

青少年反邪教知识

第四节 发现邪教集会怎么办

集会是邪教组织传播邪教思想的重要方式，在选择集会场所时，邪教组织往往会很小心。对于大众来说，不参加邪教集会是抵制邪教的第一步，揭发举报邪教集会则是抵制邪教的第二步。

在前面的章节中，我们提到了邪教组织会假冒各类名义、利用各种伪装开展秘密集会，传播邪教思想，这是邪教组织的一个基本特征，也是大众辨清邪教的一个重要方法。那当大众遇到有人邀请自己参加秘密集会，或是发现这种秘密集会是邪教集会时，应当怎样做呢？在解答这一问题前，不妨先了解一下发生在40多年前的一起集体性自杀事件。

1978年11月18日，在领袖吉姆·琼斯的指示（带有胁迫性质）下，居住在圭亚那琼斯镇上的信徒们喝下具有剧毒的饮品集体自杀,最终酿成了918人死亡的惨剧。

这个事件的始作俑者吉姆·琼斯,1931年出生于美国印第安纳州印第安纳波利斯市的一个小镇上,他是个喜欢制定规则,并想尽办法让他人遵守的人。在他22岁那年,他在印第安纳波利斯市的北新泽西街建立了一座小教堂,成为一名牧师。没有人知道,这座原本用来救助贫穷无助的人的教堂,什么时候成了琼斯发展邪教信徒的地方。

1965年,吉姆·琼斯创立"人民圣殿教",自称获得"天启"。通过为自己制造各种神秘光环,琼斯吸引了很多崇拜者,"人民圣殿教"也因此而发展起来。1973年,琼斯从圭亚那政府那里租借了一块土地,并在那里建立起属于"人民圣殿教"信徒的小镇。许多跟随琼斯一起来到这个小镇的信徒直到生命的最后一刻才明白,自从踏入这个小镇之后,自己的人生就已经完结了。

琼斯为小镇居民制定了一系列规则,这些规则与"人民圣殿教"的教义相辅相成,比如不同性别的信徒要分开居住,每个信徒都要通过劳动为教会做贡献等。

青少年反邪教知识

小镇湿热的气候加上长时间的工作，让许多信徒都生了病，这使得一些原本认为这里是人生归宿的人，产生了想要离开的念头。可整个镇子都被森林包围，周边还有武装警卫巡逻，想要离开这里就必须得到琼斯的同意，但很显然，琼斯并不想让任何人离开。

小镇上的情况引起了美国国会议员瑞恩的注意，他带了一些关心小镇情况的人来到小镇探访。琼斯精心布置了小镇，并举行了盛大的欢迎活动，但直到收到一张写有希望离开的信徒名单的字条后，瑞恩等人才了解了这里的真相。

第二天，也就是1978年11月18日，瑞恩打算带着名单上的信徒离开，但只有少数信徒接受了瑞恩的提议，其他人迫于琼斯的威慑，选择继续留在那里。那些跟着瑞恩一起离开的信徒本以为自己终于逃出生天了，但让他们没想到的是，琼斯竟然派人在机场射杀瑞恩及调查团的成员和选择离开的信徒，只有少部分人逃进森林深处，幸免于难。

解决了瑞恩及逃跑的信徒后，琼斯自知罪责难逃，丧心病狂的他竟然将小镇上的所有人聚集在一起，要求

第五章 抵制邪教

大家一起喝下具有剧毒的饮品。没有人能拒绝琼斯的提议，因为拒绝的结果就是被警卫射杀。最终，除了少部分人逃脱，绝大多数都喝下具有剧毒的饮品死去。

"人民圣殿教"的惨剧让人痛心，其背后所反映出的问题更值得重视。从近年来破获的邪教组织集会案件中可以发现，邪教组织开展秘密集会的主要目的就是传播邪教思想，也有秘密谋反的情况。对于大众来说，面对邪教组织的秘密集会时，应该做到"不好奇、不参与、速举报"。

邪教组织会利用秘密集会传播邪教思想，从事违法犯罪活动。对于这类活动，我们要做到"不好奇、不参与、速举报"。

"不好奇"指的是对于邪教组织开展的秘密集会活动不产生好奇，不要出于想了解邪教思想的目的去参加集会。邪教组织的秘密集会多是信徒们集中"修炼功法"的活动，在那种特定的环境中，人的思想意识很容易受到影响。即使我们只是抱着体验一下的态度参加集会,最后也很可能会被现场环境所影响,在潜移默化中被邪教思想所侵蚀。

"不参与"指的是不去参与邪教组织的秘密集会,即使受到了亲近的人的邀请,也要予以拒绝。《司法解释》第二条规定:"非法举行集会、游行、示威,扰乱社会秩序"的邪教组织成员,应当依照刑法第三百条第一款的规定,处三年以上七年以下有期徒刑,并处罚金。《全国人民代表大会常务委员会关于取缔邪教组织、防范和惩治邪教活动的决定》规定:对参与邪教组织活动的人员,应当坚持教育与惩罚相结合的处置原则,团结、教育绝大多数被蒙骗群众,依法严惩极少数犯罪分子。

"速举报"指的是得知邪教组织要开展秘密集会的消息,或是受邀参加邪教组织的秘密集会,应及时向社区居委会或公安机关举报。邪教组织的活动危害他人健康,扰乱社会秩序,"不参与"这些集会活动是保护自我免受侵害的重要举措,及时举报这些活动则是对误入邪教组织人员生命健康的保护。

开展秘密集会活动是邪教组织拉拢信徒、传播邪教思想的重要方式,也是国家严厉打击的主要邪教活动。对于我们个人来说,"不好奇、不参与、速举报"是保护自身生命健康、维护社区生活环境安全稳定的重要举措,是每个人都应该做的事。

青少年反邪教知识

第五节　亲友误入邪教组织怎么办

误入邪教的信徒大多都会受到邪教组织的身心控制，想要将这些人从邪教旋涡中拯救出来，最主要的就是帮助他们摆脱这种精神控制，单纯限制他们的行动是没有意义的。

在有关部门公布的邪教活动受害者案例中，可以发现很多人误入邪教组织后，家人使用各种办法都无力拯救的情况，这充分说明了邪教组织对信徒的精神控制十分强大。当然，也不是所有误入邪教的信徒都深陷其中无法自拔，也有很多成功将亲友从邪教组织中解救出来的案例。

孙女士是受母亲影响才误入邪教组织"全能神"，在母亲因相信"全能神"，生病时拒绝服药而病逝后，孙女士依然没有认识到"全能神"的邪恶本质。在信奉"全能神"期间，家人多次劝说她脱离邪教，却始终毫

第五章 抵制邪教

无效果。为了躲避家人的干扰,她独自一人离家12年。在此期间,她的儿子意外身亡,丈夫则因遭受打击导致精神失常。

就这样,孙女士在邪教组织"全能神"中奉献了15年,从一名普通信徒变成了一个带领人。15年光阴荒废,她依然坚信邪教的"神"能拯救自己,直到触碰法律底线后她才明白,能够拯救她的"神"并不存在,真正拯救她的其实是那些反邪教的志愿者。

当反邪教的志愿者第一次见到孙女士时,孙女士坚信"信神的人和不信神的人是不合的",对志愿者始终保持沉默态度。在孙女士沉默的近一周时间里,志愿者

▲ 误入邪教组织

青少年反邪教知识

一直陪在她身边,试图以谈话的方式,与孙女士拉近距离。

为了不刺激孙女士,志愿者最初多与她谈一些家常。虽然孙女士总是沉默以对,但从她的表情变化看得出,志愿者的话已经打动了她。在与孙女士建立起初步信任后,志愿者开始将话题引向"全能神",这种转变引起了孙女士的反感。但在志愿者的声声关切下,孙女士也慢慢调整了心态。

由于孙女士误入邪教的时间较长,邪教思想对其精神的影响也极为严重,想要一下子让孙女士转变思想是不现实的。针对这一点,反邪教的志愿者早就做好了准备。他们在每次谈话中都设计了良性的暗示语言,让孙女士慢慢感觉到"神"的虚无,让她一点一点认识到自己与事物之间的因果关系。这其实是一种心理暗示疗法,对于应对邪教组织的精神控制有很好的效果。

在志愿者的努力下,孙女士逐渐摆脱了对"全能神"的依赖,虽然对社会生活还有一丝恐惧,但她已经知道如何面对未来的生活。最终,在志愿者的用心陪伴下,孙女士成功摆脱了"全能神"的精神控制,重新组建家庭,恢复了正常的社会生活。

第五章 抵制邪教

邪教组织的精神控制是非常可怕的，一个拥有正常思维逻辑的人如果长期浸淫在邪教组织中，也会慢慢被洗脑，这也正是世界各国都将邪教组织视为"社会毒瘤"的一个重要原因。如果亲友误入邪教组织中，作为家人的我们首先需要保持冷静，在搞清楚亲友加入的是什么邪教组织，以及亲友的痴迷程度后，再根据具体情况选择应对办法。

确定亲友误入了哪个邪教组织，是我们需要做的首要工作。从有关部门公布的案例来看，信徒在加入邪教组织后，通常会在家庭生活中表现出两种状态：一种是说话变得不正常，行为也越来越诡异，还有一些人会刻意与家人保持距离；另一种则是积极向家人宣传邪教思想，拉拢家人一同加入邪教组织，有些人即使遭到拒绝，也不会放弃继续传播邪教思想。

如果亲友表现出第二种情况，那通过简单交谈便可知道他加入了哪个邪教组织。但如果亲友表现出第一种情况，那简单交谈便不会有明显的效果。这时，我们可以查看亲友所看的书籍和音像制品，以及他平时所用的挂件，从这些小细节中找到邪教组织的痕迹。如果实在没有把握，也可以请社区的专业人员来帮忙，最终判断

青少年反邪教知识

出亲友究竟加入的是什么邪教组织。

判断亲友对邪教的痴迷程度，是我们需要做的第二项工作。一般来说，如果亲友还能听得进我们的劝说，那说明他对邪教的痴迷程度还不算深；但如果我们说什么话亲友都不想听，那就说明他对邪教的痴迷程度已经比较深了；如果亲友完全不想与我们交流，甚至对我们产生敌意，那他便很可能已经被邪教组织彻底洗脑，陷入了痴迷的状态。

对于那些对邪教痴迷程度还不算太深的亲友，通过摆事实、讲道理，让他们了解邪教骗人的方法，并适当与他们分享一些邪教害人的案例，便能让他们认识到邪教的危害。在此基础上，再适当限制其参与邪教活动的次数，多给予其关怀和陪护，便能慢慢让误信邪教的亲友"回头是岸"。但这个过程耗时长短是因人而异的，

亲友误入邪教组织后，如果觉得靠自己无法将亲友从邪教组织中解救出来，及时寻求有关部门的帮助，以专业的心理辅导帮助亲友，才是正确的选择。

不能太过心急。在亲友成功脱离邪教组织后,还需要时刻警惕其再被拉入邪教组织中。

对于那些对邪教痴迷程度较深的亲友,除了做好上述工作外,必要时还需要寻求专业反邪教人士和心理医生的帮助,找到亲友痴迷邪教的根本原因,并有针对性地采用科学的心理疗法加以治疗。整个过程肯定会遇到很多困难,但只要我们坚持住、不放弃,终有一日会成功攻破亲友的心理堡垒,将其从邪教思想的旋涡中拯救出来。

当有亲友误入邪教后,简单粗暴的处理和漠不关心的对待都是错误的应对办法;只有坚持不抛弃、不放弃的理念,以家庭的温暖去关怀亲友,才能将他们从邪教组织的魔爪中拯救出来。当家庭的温暖不足以让亲友"改邪归正",便需要我们及时向心理专家和反邪教人士寻求帮助,以专业、科学的方法拯救亲友。

青少年反邪教知识

第六节 出国遇到邪教组织怎么办

出国留学或旅游本是一件好事，但如果在这个过程中遇到了邪教组织，好事就会变成坏事。国外的邪教组织要比国内更为猖獗，一旦误入其中，想要脱身就会非常困难。

在国家和有关部门的大力宣传和打击下，国内的邪教组织都已经暴露在阳光下，变成了人人喊打的"过街老鼠"。近年来，国内邪教组织的活动明显减少，许多邪教组织纷纷逃往国外，重新建立起据点，继续开展邪教活动。

这些跑到国外的邪教组织会通过互联网继续传播邪教思想，但由于我国对网络传播内容的审查较为严格，邪教组织想要通过这种方法继续侵蚀国内大众的思想就变得较为困难。考虑到这一点，国外的许多邪教组织便将目标放在了出国留学或旅游的国人身上。

第五章 抵制邪教

　　国外针对邪教组织的管理并不像国内这般严格，这也是为什么邪教组织"法轮功"能够在美国扎根立足，"全能神"能够在韩国成立影视公司的原因。除了这些从国内跑到国外的邪教组织，国外还有许多原生邪教组织，比如起源于印度的"奥修教"，起源于韩国的"上帝的教会"等，这些邪教组织也会将国外留学生或游客作为自己"狩猎"的目标。

　　国外的邪教组织通常会将出国留学或旅游的国人，确定为拉拢的对象，针对这些人的特殊需求，设计各种不同的圈套。比如针对出国留学群体，邪教组织会将自身伪装成培训班或是合法社团；针对出国旅游群体，邪教组织则会采取发传单、贴标语、制造冲突等方式。

　　当下，许多有条件的家长都会将孩子送到国外去留学，希望孩子能够在国外"镀金"后，成为社会精英。但随着国外意外事件频发，越来越多的家长开始担心身在异国他乡的孩子的人身安全。其实，除了孩子的人身安全外，家长还需要警惕在外留学的孩子遭遇邪教组织的侵害与腐蚀；但从目前的相关案例来看，很少有家长会注意到这一点。

　　处于求学阶段的孩子，如果在国内生活，有父母的

青少年反邪教知识

陪伴，会成长得更为轻松且安全一些；而如果只身一人在国外生活，那他们的成长过程就会艰难无助一些。这可能会造成两个结果：一是孩子早早独立；二是孩子无法自立。无论是哪种情况，都是国外邪教组织觊觎的目标。他们会充分利用孩子心智不成熟、缺乏社会经验、背井离乡、内心孤独等心理特点，对其展开各种宣传攻势。

一些邪教组织会选择直接发传单或面对面沟通的方式，向出国留学的孩子宣传邪教思想。对于那些不知邪教组织为何物的孩子，这些手法可能会成功；但对于那些早早独立并有自我独立思想的孩子，这些手法便很难成功。

邪教组织自然也清楚这一点，所以除发传单和面对面沟通之外，他们还会选择邀请留学的孩子观看演出，帮助孩子寻找兼职工作（在邪教组织社团兼职）等方式，一点点拉拢出国留学的孩子进入邪教组织。相比于前两种方式，这些方式要更为隐蔽，也更容易被接受，是国外很多邪教组织都会采取的宣传手法。

出国旅游的国人也会成为邪教组织拉拢的对象。相比于拉拢出国留学的孩子，拉拢出国旅游的国人要更困难一些，所以除了采用传统的发传单的宣传方式外，邪教组织还会采用一些极端的宣传方式，以各种方式留住目标。

比如，邪教组织"法轮功"创造了一种名为"神韵"的表演，从表面来看，这只是一种舞蹈表演，但实际上，这却是"法轮功"精心编排的，宣传"法轮功"及反华思想的政治宣传表演。

一些观看过演出的国外网友，纷纷在点评网站上对这一表演给出了差评，他们认为这些表演节目不仅重复、低劣，而且处处充斥着怪诞的"法轮功"邪教宣传。中国驻美大使馆也曾对这一表演进行过揭露，大使馆在一份声明中提道："这根本就不是一种文化表演，而是'法轮功'的政治工具，它们用它来宣传邪教信息、传播反华思想、增加自身影响力，从而聚拢钱财。公众需要远离这种表演，以免被欺骗和利用。"

如果出国旅游的国人关注过大使馆的声明，那可能就不会被"法轮功"的这种表演所欺骗；但如果没有看到过这一声明，就很可能在无意识状态下被邪教组织的表演所影响和欺骗。因此，对于出国旅游的国人来说，拒绝那些来路不明的邀约，是一种避免邪教组织侵扰的有效方法。

除了邀请游客观看表演外，邪教组织还会通过"讲事实、摆证据"的方式，让出国旅游的国人了解到国内一些事件的"真相"，以此来获取他们的信任，继而再实施进一步的欺诈行动。事实上，邪教组织所说的"事实"，所摆的"证据"，都是经过剪接、修饰、编排的"虚假真相"，出国旅游的国人只要提高警惕，不好奇、不关注这些伪造的"事实真相"，便能让邪教组织的阴谋不攻自破。

如果前面几种方式都不能成功欺骗出国旅游的国人，一些邪教组织还会采取极端方式——"碰瓷"。比如，有的邪教组织的成员在拉扯国人"讲真相"时，发现国人不愿意理睬他，他便会通过制造冲突，强行留住国人，索要钱财或是展开进一步的欺诈活动。

面对这种情况，有一些出国旅游的国人觉得自己身在异国他乡，想要少生事端，便会选择花钱了事，这恰好中了邪教组织的圈套。正确的做法应该是及时向旅游地相关部门寻求帮助；如果觉得对方不可靠，还可以直接与中国驻当地使领馆取得联系（可通过中华人民共和国外交部网站查询到各个国家的中国大使馆或领事馆的

第五章　抵制邪教

联系方式），请求大使馆或领事馆出面帮助解决困难。

出国遇到邪教组织的宣传时，保持警惕是关键；不接触、不倾听、不参与则是需要遵循的原则。察觉自己落入了邪教组织设下的圈套后，在确保自身安全的情况下，寻求中国驻当地使领馆的帮助，是解决问题最为稳妥的办法。对此，在出国旅游前，提前查好中国驻旅游地使领馆的联系方式，也是很有必要的。